妈妈是孩子最好的老师

冠诚◎编著

天津科学技术出版社

图书在版编目(CIP)数据

妈妈是孩子最好的老师 / 冠诚编著. —天津:天津科学
技术出版社,2009.5
ISBN 978-7-5308-5153-1

Ⅰ.妈… Ⅱ.冠… Ⅲ.家庭教育 Ⅳ.G78

中国版本图书馆 CIP 数据核字(2009)第 066333 号

责任编辑:范朝辉 陈 雁

责任印制:王 莹

天津科学技术出版社出版

出版人:胡振泰

天津市西康路 35 号 邮编 300051

电话:(022)23332390(编辑室) 23332393(发行部)

网址:www.tjkjcbs.com.cn

新华书店经销

中青印刷厂印刷

开本 787×1092 1/16 印张 16 字数 165 000

2009 年 6 月第 1 版第 1 次印刷

定价:28.00 元

前　言

　　人，生活在世界上，所受的教育是多元化、多形式、多样性的，而非单一性、局限性的。但母亲教育对任何人都是基本的、不可缺少的教育。母亲教育既是一种必要的教育形式，同时又是必不可少的一种教育内容。就教育形式而言，母亲对孩子的教育无处不在，无时不在，这种教育从胎儿时期就开始了。母亲教育同其他教育不同，是任何人不能替代的特殊教育。

　　但我国目前的母亲教育总体现状令人担忧，很多作为教育者的母亲不能成为良好的、合格的教育者。孩子的心理障碍、情感缺欠、人格扭曲等问题，很多源于家庭中母爱的扭曲和教育不得法。母亲"爱河泛滥"，对孩子投入的关怀过度，也就是所谓的"溺爱"，往往是孩子出现心理障碍的首要根源。有调查显示，29.6%的家庭存在关爱过度现象，其中有70%的妈妈承认自己对孩子有一定程度的溺爱和娇惯。令人思考的是，许多母亲一方面溺爱孩子，一方面又对自己教育出来的孩子颇有微词，同时也承认自己的教育失误，84%的母亲认为现在的孩子不懂得感恩，59%的母亲认为出现这种现象的主要原因是溺爱。

　　爱的方式有很多种，但是过分的爱护或许就变成了溺爱。实际上，溺爱并非"爱"，而是一种剥夺，孩子在处处受到家人呵护的同时，也丧失了自信和自理能力的培养，当问题真正出现在面前的时候，孩子往往会不知所措甚至表现得软弱无能，这种问题在男孩身上尤其明显。在独生子女家庭占多数的当代社会，个别家庭中儿子与母亲的关系过于亲密，由此引发了"恋母情结"。心理专家表示，"恋母情结"是错误家教和母亲对儿子溺爱的直接产物，这种教育方式不仅会衍生出不正常的母子关系，严重的甚至会影响男孩的个性发展。弗洛伊德曾说过"过分恋子易诱发'恋母情结'"，孩子们出现"恋母情结"，根本原因在于父母对待孩子的态度和养育方式上。这些孩子通常有喜欢依赖年龄比他们大的人的共同特征，并且多数在同龄人中显得孤僻不合群，缺乏男孩子的阳刚之气等。

除此之外，在母亲溺爱教育下成长的孩子，还容易养成以自我为中心、骄傲自满、目中无人的顽劣性格。这类孩子难以为他人着想，以引起他人的注意为荣，任性自私，缺乏同情心，过分在意自己的感受，而对他人冷漠无情。

现在，越来越多的母亲在家庭教育中占据主导地位，然而如何对孩子施以正确的教育引导却日渐成为新的关注话题。许多父亲忙于工作，母亲便一手掌握教育大权。殊不知，这样最易导致教育失衡。父爱与母爱在家庭教育中同等重要，母亲不能"一手遮天"，事无巨细的将孩子全部"捏"在手心里，而是应该留给父亲适当的教育空间，留给孩子独立思考行动的机会。对孩子一时的放纵，可能成为其将来任性妄为的导火线，宽容与溺爱的尺度往往难以合理拿捏，本书给广大处于困惑中的妈妈一个良好的指导，当个慈爱而不失严格的妈妈并非难事，从而正确发挥妈妈的作用，当好孩子人生道路上的首任并合格的好老师。

目　录

1

母亲是孩子人生的总设计师

孩子的成长来自妈妈的点滴教育

培养和教育孩子是一项艰苦而伟大的工程。面临着社会经济的飞速发展以及各种挑战，独生子女的培养和教育是摆在每位妈妈面前的一道严峻课题。家庭教育是人生的第一课，伴随每个人直到永久。

母亲，在每一个孩子的人生中都扮演着重要的角色。她不仅是孩子的启蒙老师，承担着对孩子的摇篮教育，也是孩子的终生老师，关系到孩子的终生教育。

母亲培养孩子健康成长，其过程繁杂而有趣，重点不是在如何"养"大，而是如何培养孩子的好行为和好品德。怎样教育好孩子是许多妈妈最为关注和头疼的事情。其实，妈妈们想教育好一个孩子并不是一两句话就能兑现的，必须从生活中的点滴行动做起。

培养孩子的独立性与责任感

很多孩子在小时候出于好奇，总会很积极的帮着妈妈干些事情。可当他慢慢长大后，妈妈吩咐他做一些事情时他总是懒于去做。这时很多的妈妈就会因为疼爱孩子而包办所有的事情。其实，妈妈这样做非常不利于孩子成长。长期下去，会使孩子缺乏独立性、责任感。所以，平时妈妈们应让孩子多做一些力所能及的活，比如擦地、刷碗、倒垃圾等家务。

不失时机地去鼓励孩子

作为妈妈，平时多给孩子一些表扬和鼓励是有必要的，有利于培养孩子良好的道德品质和行为准则，也有利于增强父母和孩子之间的相互

信任，同时也有利于发现孩子的长处和优点。妈妈看到孩子的一点点进步就肯定他鼓励他，耐心引导他，以实际行动支持他。这样，孩子就会把自己的优点发扬光大。

尊重孩子，维护孩子的尊严

孩子也是有尊严的，妈妈要学会尊重孩子。当孩子犯错时，妈妈不要在别人面前训斥、指责孩子，要给孩子留一份尊严。最明智的做法是，找个适当的时机和孩子沟通，尽可能地用积极的方法，鼓励、提醒孩子，让孩子自觉的朝家长预期的方向发展。当孩子遇到困难时，妈妈不要打击孩子的积极性，应鼓励孩子挑战自我，增强自信。

适当地对孩子进行挫败感训练

妈妈要从小培养孩子的挫败感，这样有利于孩子在挫折与失败面前更好地调整自己的心态。现在的孩子从小养尊处优，家里几个大人围着一个小孩转，一遇见困难就有大人去解决，孩子从小就没机会独立去面对困难，以致造成孩子心理承受力的脆弱，独立面对困难时就变得手足无措，无所适从。日本的孩子走路摔倒时，父母从不去扶他起来，为的就是从小培养孩子面对困难的能力，让孩子变得有韧性。

多与孩子交流和沟通

妈妈要注重与孩子的交流，了解孩子生活和学习的氛围，了解孩子与人相处的能力等。只有这样，才能有效地帮助孩子改正缺点、克服困难、掌握良好的学习方法，有利于提高孩子的学习效率和及时更正他的不良习惯和品行。很多孩子每天放学回家，都会把在班上的一些事情讲给妈妈听，妈妈要通过评判孩子所讲的事情让孩子知道什么是美与丑、对于错。如果孩子喜欢上某一个歌星或影星，妈妈要和他一起收看有关的节目，并且加以分析，同时要告诉他，只能喜欢，不能盲目崇拜。

教孩子学会宽容和理解

独生子女家庭的孩子容易以自我为中心，受不了任何打击和委屈。这也是许多花季悲剧产生的原因。孩子在与别人相处的过程中，经常会发生矛盾，这时，妈妈应告诉他要学会宽容。当然，也不能一味的忍让，对方有错误要明确指出，然后告诉他"我不计较，我们还是好朋友"，这样一来，孩子就会形成大大咧咧的性格。这种性格会使孩子在以后深受朋友们的喜爱。

多给孩子充充电

有益的阅读是孩子成长过程中的一种营养注入，好习惯的养成对孩子一生有益。因此，妈妈在有空的时候别忘了多带孩子去书店转转。当然，并不是每次去都要买书，而是要利用去书店的机会，增加和孩子一起读书的时间，要让孩子知道读书不仅仅可以获得知识，还应该是一种自觉的行为习惯。

如果妈妈们掌握了正确的教育方法，那么，教育起孩子来就显得游刃有余了。

妈妈和孩子的感情更亲密

俗话说："儿行千里母担忧"。妈妈与孩子之间有着血缘关系，每一个妈妈都爱自己的孩子，这是人的天性。特别是现在很多的家庭都只有一个孩子，孩子就成了妈妈的掌上明珠。妈妈无微不至地关怀、体贴、照顾，对培养孩子纯洁的心灵、高尚的情操、坚强的意志以及良好的行为习惯是非常有利的。然而，要使孩子健康地成长，光有母亲爱孩子的

情感基础还不行，还必须要培养孩子爱母亲的情感。试想，一个人连自己的妈妈都不爱，怎么可能会去爱别人呢？所以，作为母亲必须从小培养孩子爱父母的情感，这是孩子所有情感的基础。那么，怎样才能培养孩子具有爱父母的情感呢？

妈妈要身体力行，为孩子树立美好的形象

小孩子的可塑性很强，并且有一定的模仿能力。妈妈和孩子朝夕相处，妈妈的一言一行都会在孩子幼小的心灵上留下难以磨灭的痕迹，使他们终身难忘。所以有人说："孩子是家长的翻版。"妈妈要孩子爱自己，就必须在言行上起到示范作用，用自己美好的形象去感染孩子、熏陶孩子。例如，在天冷时，妈妈可以说："宝贝！天凉了，你冷吗？"在孩子做作业时，妈妈可以说："孩子，妈妈为你准备一杯热饮料，趁热喝了吧！"此外，妈妈还可以时常询问孩子在学校里的学习状况等等。

妈妈要时时、处处对孩子表达自己爱的情感

作为母亲，在生活上要关心、体贴孩子；在学习上要鼓励孩子积极向上；在品德上要严格要求孩子。在经济条件允许的情况下，妈妈对于孩子的一些健康、合理的精神需要，应尽量给予满足，如买课外书、玩具、参观、游览等，让孩子感受到母亲对他的爱。同时，对孩子的优点，妈妈应适当地进行表扬；对孩子的缺点或错误要进行具体分析，然后采用正确的方法予以矫正。如孩子是好心干坏事（想帮妈妈洗碗，却不小心打破了碗），是由于好奇心进行了破坏（由于想探索玩具的秘密，不料弄坏了玩具），还是明知故犯等，不同情况要采取不同的教育方法。妈妈这样做，在孩子的潜意识里面会认识到，母亲是很关心他的，是与他站在同一立场上的。这样，孩子就会逐步增强爱母亲的情感。最不可行的就是，在孩子犯错后，妈妈不问青红皂白，一概责骂、训斥甚至棒打。这样简单粗暴的教育方法，时间长了会造成孩子对母亲的仇视与记恨。母子对立怎么可能培养出孩子爱母亲的情感呢？

教育引导孩子以行动表达对母亲的爱

除了让孩子具有爱母亲的情感外，母亲还要引导孩子以行动来表达对自己的爱。对低年级的孩子，家长可以从以下三个方面引导：

第一，培养孩子对家长有礼貌

孩子对妈妈有礼貌是孩子爱妈妈的最直接的表现，也是最起码的要求。因此，在日常生活中，妈妈必须严格要求孩子：平时与家长说话要用礼貌用语；家长问话要回答；早上起床要说"爸爸、妈妈早"；上学去要与爸爸、妈妈说"再见"；晚饭后休息时要与爸爸、妈妈说"晚安"；有事出门要得到爸爸、妈妈的同意；事后回家要告诉爸爸、妈妈自己回来了；当爸爸、妈妈工作、学习、休息时不去打扰。妈妈用这样的方式来教育孩子，不久你的孩子就会养成对父母有礼貌的行为。

第二，引导孩子分担家务劳动

妈妈要让孩子参加力所能及的家务劳动。这样做不仅能培养孩子爱劳动的习惯，也能增强孩子爱父母的情感。如：爸爸烧菜没佐料，可以让孩子去买；星期天妈妈为全家人洗衣服（也包括孩子的），可以让孩子把全家人的手帕洗一洗；下雨了，让孩子把晾在外面的衣服收回家。这样做，可以让孩子懂得不能总让爸爸、妈妈关心、照顾自己，自己也要关心、体贴爸爸、妈妈，要为他们分担一些家务劳动。

第三，让孩子从小学会体贴家长

在爸爸生病的时候，妈妈可以让孩子为爸爸端汤送药；可以让孩子在爸爸床头放上一瓶鲜花，以此让爸爸得到宽慰。当孩子羡慕同伴的某一玩具、某件衣服，而妈妈因家里经济拮据而不能为他增添时，就要给孩子讲清道理，教育孩子体谅家里的困难。此外，有时间的话，家长可以经常与孩子谈谈自己在工作岗位上劳动的忙碌与辛苦，让孩子理解父母，听从父母的教导，接受父母的意见，让父母少为自己操心，安心工作。经常这样引导，孩子就会懂得体贴父母。

孩子爱父母是孩子爱人民、爱祖国的思想基础，培养孩子爱父母的情感是每位妈妈义不容辞的责任，让我们每位妈妈都来重视这项工作吧！

想想自己要当什么样的妈妈

有人把家庭比做人生之海中的一艘小船，孩子凭借父母之船遮风挡雨，劈波斩浪。父母两人如能齐心协力，即使在滔天的波浪中也能维系小船的平衡，让孩子感受到安全；父母离心离德，心不往一处想，劲不往一处使，哪怕是风平浪静也可能翻船，孩子同样遭受"灭顶之灾"。因此，家庭既可以成为孩子健康成长的摇篮，也可能成为孩子的毁灭之舟。

在教育子女的问题上，妈妈是最有发言权的。因为，从孩子出生到学前，这段人生的启蒙教育大多是由妈妈来完成的。但是妈妈也有许多类型，下面作以简单分析：

期待型

期待型的妈妈不顾子女的天赋，把自己的夙愿寄托在孩子的身上，希望着子女完全按照自己臆想的要求和标准去做，这样的妈妈对孩子往往期望值过高。倘若妈妈持有这种态度，而子女的能力不能达到妈妈的要求时，就容易使子女的意志消沉、自卑、冷淡，没有活力，缺乏自制力，个别严重的甚至造成孩子自残、自虐、自杀等行为。如果你是这种类型的妈妈，那么，你该适当的反思一下自己了，以免日后造成严重的后果。

过度保护型

过度保护型的妈妈对孩子所有事情都不放心，恐怕自己为孩子考虑的不周全，总担心自己微小的疏忽会对孩子造成伤害。虽然这类妈妈一切都为孩子着想，但是孩子却不见得领情，因为他们会感到压抑、受拘束、没有自由呼吸的空间。如果你是这种类型的妈妈，在教育孩子时请注意将你看管孩子的尺度再放宽一些，让孩子有一个自由发挥的空间，也许他会把事情搞得一团糟，但是你不给他尝试的机会，他永远也长不大，永远也无法自立。只有妈妈适当的放手了，孩子才会一步步迈向成功。

骄纵型

骄纵型的妈妈对孩子过度的溺爱放纵，不管孩子怎么做，她都支持，都认为是对的，哪怕是孩子犯了严重的错误她也从不严厉批评。这类妈妈培养出来的孩子看似幸福，实则相反，孩子常因缺乏耐力和自制力，经常得寸进尺、贪得无厌，而且不爱自己动手，长大以后他会变得好吃懒做，生活自理能力差。如果你也在以同样的方式对待自己的孩子，那么，你的孩子以后的一切恶果都是你现在一手造成的。所以，你现在必须注意严厉管教子女，在日常生活中，要教育孩子明辨是非、弃恶扬善。这个转变过程要把握好度，循序渐进地改变。

放任型

放任型的妈妈内心希望给孩子一个自由生活的空间，因此，对孩子的事情一般让孩子独立做主，从不过分干涉。但由于妈妈与孩子接触时间少，没有全面了解孩子的想法、情绪等，容易让孩子感到妈妈对自己疏于照料，而且不受重视。所以，妈妈在宽容孩子的同时，也应给予他适当的指导及约束，因为孩子毕竟很小，他没有能力分辨善恶美丑，需要妈妈做积极正确的指引。

过度赞誉型

过度赞誉型的妈妈常会对孩子的优点过度赞誉或夸大。这类妈妈总是忙于让子女在各个方面出类拔萃，从学业、课余生活到穿衣打扮。孩子在妈妈的赞誉声中成长，使他们习惯了听溢美之词，也愈发地失去了

上进心，他们很难融入环境，也承受不了失败。

过度冷漠型

过度冷漠型的妈妈会很注意与孩子之间的距离，很少与孩子沟通，她们认为这样做可以让孩子更加坚强。但是，孩子总希望表达出自己的想法，并得到别人的承认。所以，妈妈的冷漠往往会让他们感觉到妈妈不够重视自己，从而愈发缺乏自信，变得胆小。甚至有些孩子为了弥补亲情上的缺失，就会想尽一切办法引起别人的注意，其行为往往过激。

过度情绪化型

过度情绪化的妈妈在处理与子女的关系时，完全从自己的兴趣和情绪出发。今天她高兴，就会兴高采烈地与孩子们分享，孩子说什么她都会同意；但如果她第二天情绪不好了，就会对孩子大吼大叫。孩子与这样的妈妈生活在一起，会从此失去安全感，变得异常焦虑，因为他们不知道该怎样做才能让妈妈高兴。

通过上述的介绍后，你想做一个什么样的妈妈呢？如果你属于上述类型中的一种或几种，那么，从现在开始你就应该掌握科学的教子方法和心理技巧。只有这样，才能使你与孩子建立起良好的亲子关系，成为真正的合格母亲。孩子在你的精心培养下，才会成为一个心智全面发展、健康有为的合格人才。

妈妈夸奖孩子也要讲究技巧

大多数的妈妈都知道赞美孩子是教育孩子的一种策略和方法。赞美是促进孩子不断改掉缺点、毛病，不断进步、成功的关键。但是被鲜花和掌声包围的孩子往往经受不住失败和挫折的打击。因此，妈妈夸奖孩子也要讲究方法，如果方法不对就会适得其反。

以下是一些成功的妈妈在实践中总结出的夸奖孩子的技巧：

夸孩子要力求客观实际

妈妈在准备夸奖孩子时，必须从客观实际出发。也就是说，只有在孩子做了值得夸奖的事情时才去夸奖他。妈妈如果对孩子无原则地加以夸奖，特别是孩子做了错事时，也仍然尽说好话，就会使孩子养成是非不分、骄横跋扈的坏习惯。例如，在孩子朗诵时，有的字读音不太清楚，当他读对时，妈妈要及时给予肯定和夸奖；当他读错时，也要给予客观的评判："你读错了。"让孩子养成正确的是非观念，使其感到被夸理所当然而不是牵强附会。同时针对孩子的不足，也应给予积极鼓励，树立其自信心。如对孩子说："多读几遍，相信你会读准确的！"

妈妈夸奖孩子要就事论事

妈妈夸奖孩子时，不要直接赞美孩子整个人，而应该赞美孩子的具体行为，也不要夸大其词，言过其实。例如，当孩子画一幅不错的儿童画时，千万不能说"真聪明"而应说"哟，这幅画画得不错"。要知道，过分的赞美，会给孩子播下爱慕虚荣的种子。

妈妈夸奖孩子要掌握分寸

在孩子经过努力做出了成绩，或者他做完了应该做的事，都有权得到赞美。但须注意不要重复赞美。

夸具体不夸全部

有些妈妈在夸奖孩子时惯用"宝宝，真棒""宝宝，真聪明""宝宝，真乖"等比较笼统的词。其实，妈妈总是笼统地表扬孩子，会让孩子无所适从。也许孩子只是端了一次饭，妈妈与其兴高采烈地表示"宝

宝，你真棒"，不如告诉他"谢谢你帮妈妈端饭，妈妈很开心"。有针对性的具体表扬会让孩子更容易理解，并且知道今后应该怎么做，如何努力。

家长对孩子的每一个进步如果都用"聪明"来定义，结果只能是让孩子觉得好成绩是与聪明画等号，一方面他会变得"自负"而非"自信"；另一方面，他们面对挑战会采取回避，因为不想出现与聪明不相符的结果。

妈妈在留心孩子的努力后真正做到"夸具体"

家长首先要对孩子做事情的整个过程有所了解。有时你亲眼看见孩子付出的努力，在总结孩子成绩的时候，不妨把自己的所见所闻说出来。比如孩子写完作文后，你可以说："文章的开头很好，你能想出这样的开头实在不容易；中间的描述能感觉出你经过了仔细的观察；结尾的一句话也比较精彩，用它来点题很恰当……"这样，你把孩子在作文上所花费的辛苦一一说了出来，愉快自信的笑容立刻就会洋溢在孩子的脸上。

如果你没有亲眼见到孩子的努力也没关系，你可以用提问的方式让孩子自己说出努力的过程，这中间不失时机地加以适当的点评，同样可以给孩子一个有益的赞美。

试试这样夸孩子：

有益的称赞：我喜欢你的卡片，很漂亮，也很风趣。

（孩子的感觉）：我的品味不错，我可以信赖自己的选择。

无益的称赞：你总是这么体贴。

有益的称赞：非常感谢你今天洗了盘子。

（孩子的感觉）：我很负责。

无益的称赞：你比其他人做得好。

有益的称赞：你的作文有几个新的想法。

（孩子的感觉）：我也可以有创造性的。

无益的称赞：你写得不错，当然了，你还有很多地方需要学习。

妈妈掌握鼓励和赞美孩子的技巧，就会成为天下最了不起的妈妈，你的孩子也会成为天下最幸福的孩子。

妈妈要教给孩子值得教的东西

舐犊之情是为人母的天性，但爱，需要理性。母爱是伟大的，过分溺爱孩子的妈妈却是可怜、可叹、可悲的！到底应该怎样去爱自己的孩子，每一个妈妈都应具有清醒的认识。

现实生活中，有的妈妈忙于工作，忙着赚钱，无暇顾及对子女的教育，孩子小的时候扔给爷爷奶奶，长大了便交给学校，推给社会，错误认为只要给他们殷实的经济保障就够了。实际上，这种放任教育法，是一种不负责任的表现，是一种不健康的"爱"。

妈妈在施爱前要考虑一下，孩子究竟需不需要

妈妈把自己的喜好强加在儿女的身上明显是不对的。这样儿女不但不会开心，更不会对妈妈感恩。例如，一个小女孩的妈妈，在自己小时候就特别喜欢穿花裙子、带花。于是，在她有了女儿以后，她就想着把自己的女儿也打扮成自己喜欢的样子。妈妈给小女孩买了花裙子，而且还给小女孩留了长发。每次外出时，妈妈总会找出最漂亮的裙子和很漂亮的头花，为女儿精心打扮一番。可是，女儿喜欢穿运动服，每一次都会哭闹着不要这些，但每次妈妈都是以不穿就不带她出去为理由来强迫她穿裙子。

妈妈不要包办，要给孩子解决问题的机会

发生问题的时候，妈妈要先考虑一下问题的所有权是谁，不要剥夺

孩子解决问题的机会。例如，灿灿和小朋友小宝，一起拿着小筒子、小耙子、小勺子在玩沙子。突然，灿灿的妈妈听到灿灿大哭了起来，于是她连忙过去看，原来是小宝把灿灿的小筒子拿走了。灿灿的妈妈就跑过去帮灿灿要了回来。灿灿妈妈的这种做法显然剥夺了灿灿自己解决问题的权利。其实，妈妈应该鼓励孩子自己去找小宝要回属于自己的东西。这样的话，灿灿在以后遇到困难时就不会退缩，并且会积极主动地去解决问题。长此以往，妈妈就会培养出一个勇敢、坚强、富有同情心的能干、上进的孩子。

妈妈不立即服务，让孩子为自己负责

妈妈要学会等一等，不要立即反应。让孩子经历自然合理的行为结果。例如，芮芮很喜欢玩积木，小时候她每一次玩完后，就不管了，任由积木满地都是。每一次妈妈都会马上收拾起来，免得看起来乱乱的。其实，孩子小时妈妈帮着收是没错的，但是妈妈更应该做的是，在一边帮孩子收的时候，一边告诉她这样做会很干净很整洁；再训练她自己来收拾。她如果不马上收拾的话，这时妈妈也不要马上帮忙，积木就在那里放着。结果在她第二天再玩的时候，发现东西缺了，下次她就会自己主动收拾。

妈妈不要为孩子开"专利"

很多妈妈因为孩子小，所以视孩子为家庭中的地位最高者，处处特殊照顾，如吃"独食"，好的食品放在他面前供他一人享用；做"独生"，爷爷奶奶可以不过生日，但孩子过生日得买大蛋糕，送礼物；妈妈自己平时是一个很有规律的人，却顾及到自己孩子小，允许孩子饮食起居、玩耍学习没有规律，要怎样就怎样……这样的孩子长大后常会变得自私，没有同情心，缺乏上进心、好奇心，做人得过且过，做事漫不经心，有始无终。

在孩子提出要求时，妈妈不能轻易满足

有的妈妈孩子要什么就给什么；有的妈妈还给刚刚上幼儿园的孩子很多零花钱，孩子的满足就更轻易了。这种孩子必然养成不珍惜物品、讲究物质享受、浪费金钱和不体贴他人的坏性格，并且毫无忍耐和吃苦精神。

孩子任性，妈妈不要事事迁就

在日常生活中，妈妈不要无原则地一味迁就孩子。对于孩子的正当的、合理的要求，应当尽量满足，一时办不到也应该说明原因，对于不合理的要求坚决不予迁就。对于孩子任性的坏习惯，妈妈要予以"冷处理"或转移注意力。在孩子大哭大闹时，妈妈可用一种新的事物或某种强烈刺激吸引和转移他的注意力，或采取"冷处理"办法，即暂时不要理睬，等他安静下来后，再跟他讲道理。这样就会使他慢慢感到乱发脾气或大哭大闹"要挟"不了大人，任性的毛病就会自然得到克服。

妈妈应教给孩子学会感恩

感恩，是一种对恩惠心存感激的表示，是每一位不忘他人恩情的人萦绕心间的情感。不懂得感恩就背离了人性；不会感恩的人，带给社会的只能是冷漠和残酷。所以，家长在为提高子女的智商而努力的同时，也千万别忽视了对孩子"情商"的培养。

怀有感恩的心，就是时时对自己的现状心存感激，同时也要对别人为你所做的一切怀有敬意和感激之情。妈妈要教育孩子别人为他付出的

一切并非天经地义、理所当然。无论是父母抚养他们，是老师教给他们知识，还是朋友给予他们友情以及其他人给予的帮助，这一切都是"恩情"。

在孩子知道什么是"恩情"之后，即认识到他平时从亲人、从他人、从社会那里得到多少恩惠，等日后有机会当以更大的诚意和实际行动给予回报，而这种回报不仅仅是物质上的，还包括情感方面的回报，哪怕是一句简单的"道谢"都会让人感到无比的欣慰。此外，妈妈要让孩子知道，并非报大恩大德的大举动才叫报恩，对父母的点滴孝行，对他人看似微不足道的关心也是一种报恩。孩子如果能常怀感恩之心，不仅能培养他们与人为善、与人为乐、乐于助人的品德，促进他们健康人格的形成，而且对其今后和谐人际关系的建立都会有相当重要的作用。

那么，作为妈妈应如何对孩子进行感恩教育，让他们拥有一颗感恩的心呢？

言传身教，让孩子识恩

感动能激活人追求真善美的心理，使人愿意为了美好的理想去做任何事情。要让孩子学会感恩，妈妈首先应该是一个懂得感恩的人，要通过自己的言传身教去教育感染孩子。例如，当孩子把自己手中的东西塞到妈妈的嘴里时，妈妈应该积极回应："谢谢！真的很好吃。"当孩子给你端来一杯水，你一句"谢谢你为妈妈倒水，妈妈很感动，你是一个懂事的孩子"会让孩子深深感动，并让孩子知道恩情和回报。

时时事事，教孩子知恩

妈妈对孩子进行感恩教育，首先是让孩子知恩。妈妈应该从身边事做起，要让孩子知道对给予自己生命的父母、对照顾自己的亲人、对帮助自己的同伴、对教给自己知识的老师、对做出可口饭菜的厨师叔叔，甚至一棵树、一朵花、一棵小草等，都对自己有恩。对父母、亲人祝福"节日快乐",对老师说一声"您辛苦了",对照管生活的叔叔阿姨说一声"感谢你们为我们做好吃的饭菜",等等。关键是时时事事,给予孩子熏陶。

体验教育,助孩子体恩

感恩实际上是一种心情,是一种心境。妈妈要运用体验的方法,让孩子将自己置身于他人的处境,为他人着想。例如,当孩子撕坏图书、捏死小蚂蚁时;当孩子摘树叶、践踏小草时……妈妈可以启发孩子想想自己被别人踩了是什么感觉,被别人打了又是什么感觉,让他们从中知道对待比自己弱小的生命应给予帮助,从而反省自己的不良行为。

实践活动,引导孩子感恩

虽说大恩不言谢,但感恩一定不要仅发于心而止于口。对自己需要感谢的人,一定要把感恩之意说出来,把感恩之情表达出来,要让孩子以行动回报父母、老师、同学、亲人的恩情,让他们在实践中知恩、感恩、报恩。例如,"三八"妇女节给奶奶、外婆、妈妈送上一杯甜甜的糖水,让她们感受自己对她们甜美的爱;父亲节给爸爸送上一张自己亲手做的感恩卡;重阳节给爷爷奶奶唱一首感恩的歌;教师节为教师做一件小事,等等。妈妈要让孩子知道,对别人给予自己的哪怕是再微不足道的帮助和关怀,也不要忘了感恩。还可让孩子每天说一句感谢的话,例如:感谢建筑工人让我们坐在温暖的教室里;感谢送水叔叔为我们送来清凉甘甜的水……

孩子的心犹如一片净土,种植感恩,就会收获仁爱、关怀、宽容和幸福。从小给孩子的心灵播下感恩的种子,让他们对一切美好的事物心存感激,那他们将会以坦荡的心境、开阔的胸怀来应对生活中的酸甜苦辣,来报答父母、师长,报答社会。

妈妈要善于挖掘孩子的兴趣

孩子的兴趣越广泛，他的学习就会越好，他的眼界就会越开阔，对某些学科就越能理解得全面与透彻。

孩子的各种课外、校外的兴趣活动也会促进孩子的课内的活动。比如：喜欢阅读文学作品，就可能对语文课感兴趣；喜欢植物，就可能对生物课感兴趣；喜欢机器，就可能对物理感兴趣，等等。

孩子能否形成积极的、稳定的兴趣与妈妈的教育是分不开的。因此，妈妈们必须注意以下几点：

精心呵护孩子的好奇心

好奇心是人获得智慧的关键。好奇心是孩子们的天性，也是他们敢于探索新知、敢于创新的动力。创造精神就像是一双巨大的翅膀，能带着孩子在知识的天空里展翅高飞。父母可从保护孩子的好奇心开始，培养他们的创造精神。

很多妈妈都应该有这样的经历：很多孩子会指着大人习以为常的东西问："这是什么"，"那又是什么"，"为什么会这样"……可是有些父母会对孩子说："问这么多，烦不烦？"也许，孩子的好奇心就在父母的不断喝斥声中被扼杀了。

世界上第一架飞机的发明者莱特兄弟，小时候是一对富有好奇心的孩子。有一次，兄弟俩在大树底下玩，两人产生了爬上树去摘月亮的想法，结果把衣服都钩破了。他们的父亲见此情况，不仅没有责骂他们，而是耐心地开导他们。在父亲的引导下，兄弟俩日夜为制作能骑着上天的"大鸟"而努力。这期间，父亲不失时机地买了一架酷似直升机的玩具送给他俩，这更加激发了他们对制造升空装置的浓烈兴趣。莱克兄弟不断地学习升空技术方面的知识，翻阅了大量有关飞行的资料。最后，在父亲的鼓励下，经过多次试验，兄弟俩终于发明了世界上第一架飞机。

其实，我们的妈妈也可以像莱特父亲那样，注意倾听孩子的问题、想法，尊重孩子的观点，积极地引导孩子的好奇心，培养孩子独立思考、探索新知的能力。这样，孩子就能在不断地发现和思考中增强创新能力。

为孩子创造一个愉悦的学习环境

如果你发现你的孩子特别爱听故事，在你给他讲小人书中的故事时，他常常是一边听一边迫切地想认识书上的字，这种主动要求学习的精神是非常可贵的。妈妈可以利用这一时机因势利导，适当教孩子认认字。不要求孩子写，更不要求孩子记这些字，只要他们能认识，能把一个小故事读下来就行。孩子听得多了，读得多了，自然而然地掌握了这些字。当孩子在阅读课外书刊时，妈妈可利用读物内容，作为与孩子对话的内容。这样，孩子在一个宽松愉悦的学习环境中，可以不时地受到启迪，并逐步养成主动学习、主动探索知识的兴趣与习惯。

带孩子到大自然、社会中去开阔眼界，提高学习兴趣

妈妈可以经常有意识地带孩子去大自然中观察日月星辰、山川河流。比如，春天可带孩子去观察花草树木的生长情况；夏天带孩子去游泳、爬山；秋天带孩子去观察树叶的变化；冬天又可引导孩子去观察人们衣着的变化，看雪花纷飞的景象。孩子通过参加各种活动开阔了眼界，丰富了感性认识，提高了学习兴趣。妈妈最好还能指导孩子参加一些实践，如让孩子自己收集各种种子、搞发芽的试验、栽种盆花；也可以让孩子饲养些小动物。随着孩子年龄的增长，可以启发他们把看到的、听到的画出来，并鼓励他们阅读有关图书，学会提出问题，学会到书中找答案。这样，孩子的兴趣广泛，知识面扩大了，学习能力也在不知不觉中提高了。

发展孩子多方面的兴趣

有一些孩子由于受家庭和周围环境的影响，在三岁左右就开始对画画或乐器产生兴趣。特别是孩子进了幼儿园以后，在老师的诱导下，他们的兴趣爱好出现了第一次飞跃。最先使孩子产生兴趣的一般是画画、唱歌和表演，当然这些都是模仿性的。对钢琴、电子琴、手风琴的兴趣都可以在幼儿期唤起，这时不是要求孩子能达到什么水平，而是以唤起孩子对各种乐器的兴趣为主。下棋更是如此，很小的孩子就喜欢跟大人下棋，当然更喜欢和小朋友们一起下游戏棋。妈妈只要做有心人，为孩子们提供一些条件，准备一些简单的器具，多给孩子讲讲自己的见闻，多与孩子一起玩，孩子的多种学习兴趣就会逐渐培养起来。

2

第二章

做孩子眼中最优秀的妈妈

严格公正不偏不倚的妈妈

丁丁和冬冬在一起玩积木。丁丁的城堡快搭好的时候，积木用完了，她问冬冬："给我几块积木好吗？"冬冬一边搭，一边说："这些积木我也要用。""可是你还有那么多呢！"丁丁边拿边说，"就给我几块。"冬冬急了，大声叫："妈妈！丁丁抢我的积木！"冬冬的妈妈走过来，没有急着偏袒自己的孩子，反而和缓地说："我看你们俩都很生气，告诉我是怎么回事，好吗？"冬冬说："丁丁抢我的积木！"丁丁也抢着说："我的积木用完了，可是冬冬有好多积木，一块也不肯借给我，她一点儿也不愿意帮助别人！"冬冬妈妈说："冬冬，你怎么想的，告诉丁丁好吗？"冬冬说道："我不是不想借给她，我要用半圆形的积木作房顶，别的都可以借给她。"冬冬妈妈说："丁丁，你听见了吗？她也需要这种半圆形的积木。不过她可以给你别的积木。而且你看，冬冬也愿意借给你积木，可是你不等她答应就拿走她的积木，她很生气。"丁丁说："如果我知道她还愿意借积木给我，我就不会这样做了。"冬冬妈妈说："冬冬，你听到了吗？"冬冬说："嗯，妈妈我听到了。"最后，冬冬妈妈说："你们看，如果你们都把自己的意思说清楚，也许就不会这样了。"

孩子们在一起玩免不了会有冲突。当孩子们发生冲突时，妈妈常常感到为难：即便错在别的孩子，如果去批评他，也显得自己"护犊子"；如果不论青红皂白，总批评自己的孩子，又会委屈他。该怎么办？小孩子在一起玩，为了鸡毛蒜皮的一些小事发生矛盾、争执是常有的事，有时还会动起手来。过去，家里孩子比较多，孩子养得不那么娇，家长一

般不大干预；或是妈妈忙于家务，就是发现孩子吃了亏，也顾不上管；即使是干预，也多取宽容、忍让的态度，是待人宽，责己严，一般不那么"护犊子"。现在不同了，家里只有一个"宝贝疙瘩"，发现孩子们发生冲突，妈妈往往要亲自出马，插手干预，并且多是护着，不能让自己的孩子吃一点儿亏。要是真吃了亏，那可就不得了了，有的到别人家告状，有的甚至还动手推推搡搡的。把小孩子之间一时的小冲突，扩展成了大人间的矛盾，实在不值得。并且这样往往容易导致孩子养成骄纵任性的不良习惯。

因此，日常生活中，妈妈面对自己的孩子和别人的孩子发生冲突时要一视同仁、严格公正，这样不仅能获得孩子的尊重和敬畏，还能成为孩子眼中值得效仿的妈妈，也更容易获得孩子的亲近和爱戴。

有一位母亲养了两个儿子。以前，为两个儿子分蛋糕的事的都是由母亲来代劳。但随着时间的推移，大儿子不满，二儿子也不满，究其原因，皆认为母亲的蛋糕分的不公平，有偏三向四之嫌。这时，聪明的母亲采取了一个让两个儿子都无话可说的切蛋糕的规则：大儿子来切蛋糕，二儿子优先选择所切的蛋糕。于是，大儿子切蛋糕唯恐不公平，二儿子选蛋糕唯恐选小的。于是，一则形式公平的举措使两个儿子在公平问题上涣然冰释。

当孩子之间发生争执时，妈妈首先应正确评估事情的性质，要让孩子学会处处谦让，不为小事斤斤计较，这样反而会让他在同伴中获取信任与好感，赢得更多的友谊。或者变换一下方法，采取"曲线救国"的道路，巧妙地化解孩子之间的正面冲突，令孩子切身为对方考虑，这样不仅易于解决矛盾，更容易在孩子心中树立权威。当然，妈妈也要以身作则。有的时候，妈妈突然改变孩子的习惯，也会让他们觉得不公平，比如：孩子平常都是九点上床睡觉的，今天突然要他八点半上床，他会觉得游戏时间少了，而抱怨这种"不公平"的待遇。另外，平日透过游戏和不断地提醒，让孩子了解到，环境不同，自然会有不同的规则；而不同的人，也会有不同的需求，以建立孩子对公平意义的认识。公平对初入人世的孩子来说非常重要，尽可能用公平的方法对待他，是培养孩子正直性格的有力措施。实际上，这样的妈妈也是孩子内心最喜爱的。

善于倾听，和蔼可亲的妈妈

　　五岁的小杰长得虎头虎脑的，特别招人喜爱。小杰的妈妈却满腹心事，最近越来越让她感到头疼的一件事是：只要跟小朋友一起分享食品，小杰就一定要占上风。比如，蛋糕上唯一的巧克力片要归他所有，分糖果一定要他主持，自己占用最大的那份。

　　周末，小杰妈妈邀请了几名小朋友来家里参加生日派对，小杰的妈妈特地订做了一个漂亮的大蛋糕，刚刚摆上桌子，小杰就迫不及待地大叫："我要一朵完整的奶油花！"蛋糕上一共有六朵绽放的玫瑰型奶油花，来做客的恰巧有六位小朋友。小杰妈妈本着礼貌待客的传统，一边给客人切蛋糕，一边给小杰解释："咱们要按照顺序分蛋糕，分到你那里可能有奶油花，也可能就没有了。"她希望通过这种方式来纠正儿子的"霸道"行为。

　　随着一朵朵奶油花的消失，小杰越来越紧张。眼看着最后一朵奶油花将要落到其他小朋友手中时，他突然变得怒不可遏，愤然离开客厅，冲到卧室里。妈妈问他怎么了。他说："我要气死了！我的肺都快气炸了！"而后开始大哭。小杰妈妈蹲下来和蔼可亲的给儿子解释："刚才只有六朵花，妈妈不能先给你，要先分给其他小朋友，我给你留了半朵，你快去吃吧。"小杰愤怒地大喊："我明明跟你说好了要一朵完整的，你为什么不给

我！我不要半朵的，我就要整朵的！"妈妈越解释，小杰哭得越伤心。

后来，小杰的妈妈不说话，耐心地倾听小杰……

会倾听是提高学习效率的重要途径，也是一种倾听他人的礼貌。孩子无论言行还是举止，都很稚嫩，辨别是非的能力也很差，因此需要妈妈耐心、正确地培养孩子一些良好的行为习惯，让他们逐步巩固并养成。

在我们的生活中，上述的小事例会经常发生。有的妈妈听不得孩子的哭声，哄劝不住，就想离开孩子或者把孩子关进另外一个房间，好让自己耳根清净，也用这样的方式强迫孩子安静下来。其实，在孩子大哭的时候，说明他已经伤心委屈得不得了，就好比感到世界末日就要来临了。妈妈所谓的烦恼远比不上孩子的伤痛。所以，在孩子大哭时，妈妈不要嫌烦而离孩子远远的，一定要留在孩子身边，放下手头的一切，专注地、认真地倾听。

春节，路路的家里来了很多的亲戚，亲戚看见客厅里摆着架子鼓，就请路路表演一个。乖巧懂事的路路正好很有兴致，便欣然同意，而且还把 MP3 拿出来，一本正经地配上伴奏音乐，准备好好展示一番。

路路的妈妈为路路选了一首以前登台表演过的曲目。音乐一起，正式开始，鼓声震天动地。但是也许因为很久没有演奏过了，有些生疏，中间突然卡了一下，伴奏就跑到前面去了。这时路路的妈妈说："没事，接着打吧。"路路却不干，非要重来，只好又从头开始。

就在路路一心想要完美奉献出自己的拿手好戏时，路路的爸爸进来了，对着所有的亲戚说："走吧，咱们去看一个非常好玩的软件。"听演奏的亲戚就随路路的爸爸去了电脑房，另外几个小孩也一窝蜂地跟了去。这时客厅里只剩下路路和妈妈两个人。

发生这一切的时候，路路并没有停顿，还是一鼓作气打完了全曲。但路路的脸色却很阴沉，虽然妈妈给了他最热烈的肯定："你的结尾是最精彩的！"路路还是默不作声，收拾好乐谱，就独自回了自己的房间……

妈妈的倾听，会使未成年的孩子从小学会以平等与尊重的心态与他人建立联系，会使孩子觉得自己很重要，有利于孩子学会独立思考。

孩子需要的不仅是言语上的鼓励，不仅是摆事实、讲道理，更重要的是家长身体力行。很多时候，听比说更重要，倾听能够给人力量，因为它意味着关注和尊重。有人倾听，你就不是茫然和孤独的了，你的行为就有了意义，你也就有了力量的源泉。人为什么要奋斗，要成功？归根结底，就是为了赢得他人的关注和尊重，作为孩子人生中最亲的人，如果连父母都不能给他们这些，他们的自信又从何而来？

很多时候，父母会花很多力气去鼓励孩子做这样做那样，但却可能在不经意间，让一些小事把我们的鼓励抵消了。上文中，路路的妈妈应该阻止路路爸爸带着亲戚去玩电脑，无论如何都要让亲戚在听完路路的最后表演后，再去做别的事情。这一转眼的事，路路一场兴致勃勃的表演就变成了一次羞辱，一次失败的感觉。

在倾听孩子时，妈妈应注意以下几个方面：

第一，注意听的姿势

1.一定与孩子平视，不可居高临下。

2.身体要稍稍向前倾，这是表示有兴趣的姿势。

3.不要制造"墙壁"，如用手捂着嘴巴，两手抱着胳膊，或翻着书。这些举动对孩子来说，都是一种障碍。

4.用眼睛"听"，要睁大眼睛看着说话的孩子，很自然地用眼睛来表达你的兴趣和愉悦。

第二，表现出听的兴趣

讲话中最扫兴的是听到对方说："我早就知道了。"如果我们这样对孩子，就缺少尊重。于是，孩子会十分扫兴。关心孩子，不应只是关心他的冷暖、吃住，还要关心他感兴趣的事。对孩子关心的话题产生了兴

趣，你同孩子谈话的兴趣便也具备了。

第三，将你专注倾听的态度传达给孩子

送给孩子最好的赞美，是让孩子知道他所说的每一句话，你都认真听到了。

品行端正，认真负责的妈妈

有一天，妈妈带着小明出去玩，母子俩等了好长时间终于过来了一辆车，车刚进站，小明的妈妈就推搡着孩子上去占座位。小明匆匆忙忙跑上车，钻来钻去，顺利地占到了一个座位。可是妈妈上来一看，脸色顿时变得很难看。下车后，小明的妈妈一路上不停地小声数落儿子："光长个儿不长脑子。怎么就不会多个心眼！"孩子一脸茫然，不知道自己哪里做错了。后来，小明就问："妈妈，您这是怎么了？"妈妈没好气地说："你还问，你这个笨蛋，就知道自己占座，不知道把书包放在前面的座位上，给我也占一个！"后来，妈妈大声训斥道："以后记着点，多长一个心眼，不要光顾着自己！"

妈妈对孩子的教育直接影响着孩子的人生观与价值观，正如人们常说的"野蛮产生野蛮，仁爱产生仁爱"。现代社会对人的素质提出了越来越严格的要求，不仅要有健康的身体、广博的知识和聪明的智能，更要有良好的人格、个性品质和社会适应性。一个人是否具有爱心、同情心，是否善良，直接决定他对人、对事物的态度和行为，进而决定他在其他各方面的发展。

在这里，特别要指出的是，妈妈的言谈举止直接影响着孩子。为了教育孩子，妈妈应该特别注意自己的行为规范，不能把错误的、不良的习惯在不知不觉中传染给孩子。最重要的是妈妈要以身立教，万万不能一方面要求孩子有好的行为，另一方面自己却做反面教材。

从一定意义上讲，父母的责任感水平可以影响孩子的责任感，一个负有责任感的父母，孩子也会表现出相应的积极的方式。如果妈妈做事总是不守承诺，推卸责任，那么，即使你给孩子再多的口头教导也不会起到任何作用。

> 洋洋正在院子里开心的玩，他一会儿摆动着胳膊，做出飞机飞翔的样子；一会儿把玩具堆成一座小山；一会儿学青蛙的样子跳来跳去……就在他学飞机做一个"俯冲"动作时，被旁边一把椅子绊了一下，摔倒了。洋洋大声地哭了起来。
>
> 这时，从屋里忙家务的妈妈听到了哭声，立即放下手中活，从屋子里赶忙跑了出来，看看倒在一边的椅子，看着放声大哭的洋洋，一边把洋洋抱在怀里，一边说："洋洋不哭，洋洋乖，椅子坏，椅子不听话，绊了你是吧？妈妈打它啊！"然后把椅子重重拍了两下，洋洋止住了哭声，下去打椅子了。

洋洋的母亲的教子行为，在中国家庭看来，可以说是司空见惯，不足为奇。似乎，从我们妈妈的妈妈开始，每当幼小的孩子与周围的世界发生矛盾时，就是这样，在这种几乎不讲道理的呵护下，孩子接受了最初的责任教育。

实际上，我们大家都知道，错误并不在那本把椅子，是洋洋自己不小心碰到了椅子上。而洋洋的妈妈表现的好像也没有错。因为妈妈认为洋洋还小，什么都不懂，觉得只要他不哭不闹就好，她是想安慰儿子，让孩子不再哭。但是，妈妈的这种做法，并不会让被椅子碰到的洋洋从"疼痛"中吸取"教训"。因为，他已经在妈妈的教导下把所有的责任都推给了椅子，他自己没有错。作为母亲，这样的教育方法让孩子很容易想到推脱责任，不能自我反省。当他以后被人生路上的一些"绊脚石"绊倒的时候，他也会养成找各种客观理由不愿意自责自省的坏习惯。

所以，妈妈们应该反思一下了：与其等到孩子长大后，再为孩子没

有责任感而苦口婆心的劝说，不如抓住最初的、最合适的教育孩子责任感的时机。最重要的是：在孩子犯了错误之后，妈妈应该让孩子知道，如果他做错了事，责任就应当由他自己来负责，只有这样，他以后才会慢慢懂得，在他与这个世界发生关系时他应负的责任是什么。

懂得站在孩子角度考虑的妈妈

　　星期六，妈妈为了兑现自己的诺言，带着小建去买奥特曼的碟片，眼看着妈妈就要给自己买心爱的奥特曼的碟片，小建别提有多高兴了，一路上都合不上嘴，还在不停地夸妈妈好。没过多久，母子俩就买到了碟片，妈妈带着小建顺便到商场的楼上逛一圈。星期六商场里的人特别的多，刚过了一会儿，小建就嚷嚷着要回家。妈妈训斥小建道："你就是想回家看碟是吧，你自己走吧！"说完这话，妈妈碰见了单位的一个阿姨，便在过道里聊起天来。过了好久，等妈妈回过头看见靠在栏杆旁的小建满脸泪水，突然心里一颤，于是赶紧蹲下来想询问小建是不是不舒服。就在这时候，妈妈才猛然感觉到，儿子哭闹的原因：儿子所看到的不是五光十色的商品陈列，而是胳膊与大腿组成的森林！毫无乐趣可言。妈妈明白原因后，告诉小建："走吧，我们一起到外面坐一会儿，休息一下我们就回家了。"小建听了妈妈的话后，破涕为笑了。走出商场时，小建问妈妈："为什么突然同意回家呢？"妈妈拉着儿子说："妈妈理解你的心情呀！"

　　在生活中，如果父母、老师都能像小建的妈妈一样，站在孩子的高度、角度来看问题，可能更容易理解孩子的情绪、想法，也更容易找到沟通的言语。

　　家长常常用成人的眼光看孩子，有些家长让孩子"规规矩矩"，总想把孩子变成"小大人"，这种脱离年龄特点的教育，很容易造成两代人的隔阂，多数是要失败的。

　　从开始上幼儿园起，小立的耳边就常常响起妈妈"一定要好好学习，一定要争气！一定要考上清华"的叮咛。为此，她在父母为她设计的框架里不断地努力着……

　　今年，12岁的小立不负父母的厚望，以优异的成绩考进了一所市属重点初中。终于可以松口气了！小立觉得，自己没有辜负爸爸妈妈的苦心，考上了他们指定的学校。这个假期可以好好地休息休息了。

　　晚上，妈妈下班回来了，手里拎着一个大口袋。小立急忙迎上前去，打开口袋，小立呆住了——里面全是初一的课本和辅导材料！妈妈并没有理会小立的惊讶，严肃地对小立说："你呀，别以为进了重点初中就万事大吉了。要知道，凡是考进这所学校的学生都是尖子生，你要想出头，就得提前做准备。"小立说："妈妈，我知道。可是，这个假期是不是……"妈妈打断了小立的话："是不是什么？你还没到可以休息的时候。我和你爸爸早就打算好了，你的目标，就是清华！当年，你爸爸因为一分之差没有考上清华，这是他一辈子的遗憾，这个遗憾只能靠你去弥补了。"见小立没有回应，妈妈缓和了语气，语重心长地说："女儿啊，我和爸爸都是为你着想。清华是最高学府，如果能考进这所学校，以后无论是出国深造还是找工作，都是不费力气的！我们为你创造这么好的条件、替你操这么多心，对你没有什么别的要求。只要你考上清华，到时候你要想干什么，我和你爸都不再管你。"

　　听了妈妈的话，望着一堆堆的辅导资料，小立无言以对，禁不住流下了眼泪。第二天，小立就离家出走了……

生活中，像小立的父母这样为孩子设计好前途的父母不在少数。他

们总是对自己的孩子们期望很高，希望他们出人头地，希望他们光宗耀祖，所以一天到晚的在孩子们的耳边唠叨着该怎么怎么学习，该如何如何做人，该怎么怎么的实现自己的梦想，该如何如何的考虑自己的将来。父母们把自己一生的理想或者遗憾都寄托在孩子身上，一直逼孩子往自己认为是正确的路上走，从来不站在孩子的角度考虑问题。

其实，孩子们一天到晚的学习已经很累了，他们需要的不仅仅是父母重复了几千次几万次的鼓励，他们还需要父母的理解。如果父母把自己的意愿强加给孩子，那孩子就会感到身上的担子太重了，压力太大了，孩子就会觉得学习是一种痛苦的过程，同时也会使孩子失去自己的成长空间和独立意识，这就可能导致孩子产生抵触、反叛与对抗的情绪，出现与父母关系紧张、厌学等现象，甚至走上歧路。也有些孩子会变得精神萎靡，对生活、学习感到迷茫、失去信心等等，这些都对孩子的心理健康极其不利，甚至可能引发心理障碍与心理疾病。

所以，父母千万不要为孩子设计发展的模式，不要让孩子做自己的"接力棒"。其实，每个人都有自己的理想和追求，孩子也不例外，那么，父母又该如何对待孩子的理想和追求呢？

第一，给孩子一个独立思考的空间

父母要给孩子足够的成长空间，让他们有自己的理想和愿望，有自己的思想和独立思考的权利，不要让孩子成为别人怎么想，孩子也要怎么做的盲从的产物，更不要让孩子成为代替父母实现未尽理想的工具。父母可以根据孩子的具体情况和兴趣，向孩子提出建议，引导孩子找到自己努力的方向。

第二，尊重孩子的独立性

随着孩子一天天长大，他们会逐渐形成独立的意识，所以父母要尊重孩子的独立性，让孩子充分地发展，而不是被父母限制在已为他们设计好的框子里。不然的话，他们也会像自己的父母一样，在补偿父母遗憾的同时，留下自己的遗憾。

第三，给孩子最后的决定权

对孩子的理想，父母如果觉得是合理的，就应给予尊重和支持。对孩子理想真正的支持应该建立在对孩子的充分理解和尊重的基础之上，以孩子的心理准备和接受能力为前提，然后进行适当的启发和引导，需要的是精心呵护，不是说教，不是命令，更不是趁机提条件。即使孩子的理想与父母的意愿产生了很大的偏差，也要平静地与孩子沟通，在尊重孩子理想和追求的基础上，通过充分的商量和探讨，让孩子充分理解父母的想法，然后再把决定权交给孩子。

第四，对孩子的要求不可过高

父母在尊重孩子理想和追求的时候，还要注意一些问题：不要在孩子建立理想的初期就给孩子太多的压力和警示，这样做很可能就会打击了孩子的积极性，让孩子轻易放弃自己的理想。

幽默乐观的妈妈

小林 6 岁的时候不幸患上了小儿麻痹症，由于没有及时治疗，被疾病折磨得卧床不起。小林非常难过，他多么希望自己可以和其他的孩子一起玩耍。他问母亲："妈妈，我还可以站起来吗？我什么时候能站起来呢？"听到了儿子的话，妈妈的心都要碎了，但是，妈妈还是非常乐观地说："能！一定能！"

此后，小林的父母变卖了所有的家产，找了最好的医生，经过治疗，小林终于可以站起来了，全家人都高兴得说不出话来。

然而，就在这时，小林又问妈妈："我还能踢足球吗？"母亲坚定地说："能，谁说不能呢？战场上还有跛脚将军，足球场上就不能有跛脚运动员吗？以后让爸爸带你踢球。"妈妈的话给了小林无穷的信心，他开始更积极地接受治疗，终于治好了病。

33

但在练球的过程中，问题又一次出现了，踢足球是一项非常累的运动，对于患过小儿麻痹症的小林来说就更加困难了。父母又何尝不知道这一点呢？所以，每当看到儿子流着泪摸着受伤的脚，妈妈的心里都在滴血，但是妈妈总是积极乐观地给予热情的鼓励和安慰，告诉小林不要怕苦，不要半途而废。在妈妈的乐观鼓励下，小林终于有了战胜困难的勇气、信心和力量，后来他以高超的球艺，赢得了人们的掌声。

乐观的情绪能够激发人体的潜能，使其保持旺盛的体力和精力，维护心理健康。小林6岁就患了小儿麻痹症，这对于一个普通的家庭来说，是一个多么沉痛的打击。但是，小林最后并没有意志消沉，而是很坚强、乐观地走了下去。当然，这其中小林的母亲起到了非常重要的作用。

母亲的情绪能影响孩子的性格，母亲语言的力量是孩子在书本和老师那里无法得到的。小林母亲不管孩子的病情多么恶劣，在孩子面前，她还是表现出一种乐观的人生态度，使小林产生了战胜病魔和面对困难的勇气，取得了最后的成功。

在家庭教育中，家长应该怎样做才能培养孩子拥有乐观向上的心态呢？

第一，营造良好的家庭氛围

弗洛伊德说："一个为母亲所特别钟爱的孩子，一生都有身为征服者的感觉；由于这种成功的自信，往往可以导致真正的成功。"夫妻恩爱，子女就会生活在温馨的家庭氛围中，得到关心和爱护，获得爱和尊重的体验，从而心情愉快，健康成长。因而，在生活中父母要非常注意自己的言行，即使遇到什么不愉快也尽可能地在孩子面前加以掩饰，而且，在孩子面前父母要从不言败，在这种家庭环境的影响下，会使孩子从小就养成自信、乐观、性格开朗的好习惯。

第二，与孩子交流沟通

妈妈应多留心孩子的情绪变化，当孩子闷闷不乐时，无论自己多忙，也要挤出一点时间和孩子交谈，鼓励孩子表达心情，让孩子感受到父母对自己的关心和体贴，知道父母愿意帮助自己，自觉自愿地说出心里话。从而加强两代人之间的互相理解，满足孩子的情感需求，促进孩子生理和心理健康。

第三，学会赏识孩子

每个人生活在社会上，都希望得到别人的赏识和认同，孩子也不例外。许多家长在教育孩子方面多少有些心理错位，不是用赏识的目光赞美自己子女的优点，而是恨不得用放大镜去寻找孩子的弱点，更可怕的是处处拿别人子女的长处去比自己子女的短处，从而让孩子感到自卑。事实告诉我们，子女需要鼓励，需要肯定，需要赏识。现代心理学之父威廉·詹姆斯指出："人最大的需要就是被了解与欣赏。"家长对孩子每时每刻的了解、欣赏、赞美、鼓励都会增强孩子的自尊、自信。因此，在孩子有了哪怕是些微进步时，我们应该对孩子讲得最多的一句话就是："儿子，你真棒！"这样，孩子在体验到被父母鼓励的幸福感的同时，也产生了乐观向上的态度。

第四，教孩子会说三句话

想让你的孩子更快乐，就要教会他说三句话：第一句"太好了"；第二句"我能行"；第三句"你有困难吗？让我来帮你"。

"太好了"，实际上是培养孩子带着微笑看世界的品质，让孩子有一个良好的心态对待面前的一切。而这种心态的培植，并非单靠孩子说"太好了"这句话就能行的，还需要家长、老师潜移默化的熏陶。

"我能行"，旨在鼓励孩子的自信。自信同样不是一种轻易地表态，是发自内心的肯定和把握，它也需要家长在让孩子不断取得成功的体验中逐步培植。

"你有困难吗？让我来帮你"，是培养孩子关心他人、主动帮助别人的品质。这是孩子长大后，为社会为人类作贡献的心理基础。同样，为了让孩子常说这句话，必须从小在家里灌输助人为乐的思想；家长热心对待同事、朋友、邻居，乐于助人的行动成为孩子的榜样，并使孩子也自然而然地养成习惯。

自信积极进取的妈妈

　　小宝的妈妈第一次参加家长会，幼儿园的老师告诉她："你的儿子有多动症，在板凳上连三分钟都坐不了，你最好带他去医院看一看。"

　　回家的路上，小宝问妈妈老师都说了些什么，妈妈鼻子一酸，差点流下泪来。因为全班30位小朋友，唯有小宝表现最差；唯有对小宝，老师表现出不屑。然而，小宝的妈妈相信自己的儿子一定会进步的，她还是自信地对儿子说："老师表扬你了，说我们家小宝原来在板凳上坐不了一分钟，现在能坐三分钟了。其他的妈妈都非常羡慕妈妈，因为全班只有小宝进步了。"

　　听了妈妈的话后，那天晚上，小宝破天荒地吃了两碗米饭，并且没让妈妈喂。

　　小宝上小学了，在家长会上，老师说："全班54名同学，这次数学考试，你儿子考了第53名。我们怀疑他智力上有障碍，您最好能带他去医院查一查。"

　　回去的路上，妈妈流下了泪。然而，小宝的妈妈相信小宝智力上没有问题，当她回到家里，却对着坐在饭桌前的儿子说："老师对你充满信心。他说了，你并不是一个笨孩子，只要能细心些，会超过你的同桌，这次你的同桌排在第21名。"

　　说这话时，她发现，儿子暗淡的眼神一下子充满了光芒，沮丧的脸也一下子舒展开来；她甚至发现，儿子温顺得让她吃惊，他像长大了很多。第二天上学时，小宝去得比平时都要早。

　　小宝高中毕业了。一个第一批大学录取通知书下达的日子，学校打电话让小宝到学校去一趟。妈妈这时似乎有了一种预感，她儿子被清华录取了，因为在报考时，她对儿子说过，相信他能考取这所学校。

当小宝从学校回来后，把一封印有清华大学招生办公室的特快专递交到妈妈的手里，突然转身跑到自己的房间里大哭了起来。边哭边说："妈妈，我一直都知道自己并不是一个聪明的孩子，是您……"

这时妈妈悲喜交加，再也按捺不住十几年来凝聚在心中的泪水，任它们洒落在手中的信封上。

自信心是孩子学习和生活获得成功的关键所在。如果孩子没有信心，心情就会在自我怀疑中起伏不定，就不能做到专心致志，不能始终保持高度的精神集中。文中的小宝并不是一个天资聪明的孩子，在幼儿园、小学都是属于那种被老师看不起的学生，他在中学也并不出色。之所以他能考上清华大学，主要是他的妈妈咬着牙，一次一次编造着老师对他的赞扬，让他对自己充满信心。

斯斯是一个内向文静的孩子，她每天从幼儿园回来的时候总是嘟着小嘴巴，仿佛有什么心事似的，而当妈妈主动去和她说话时，她也不大愿意让妈妈亲近。因此妈妈总是在想办法，能与斯斯亲近起来，让她充分地信任父母。

只要是斯斯每天放学回来，妈妈总是主动与斯斯打招呼，并搂在怀里跟着她说几句话，慢慢地，斯斯愿意开口和妈妈说话了。

斯斯最喜欢的就是画画，而且画得挺好的，所以，当幼儿园有什么美术作品展时，妈妈总是鼓励斯斯拿出自己的作品。有一次，斯斯画的小鸟找妈妈，竟然在展示中获得最好的评价，幼儿园的老师还为她发了一朵小红花，斯斯高兴极了，她脸上也终于找回了从前的自信。

在一次家长孩子游乐活动中，老师问斯斯："你知道爸爸最大的本领是什么吗？"没想到斯斯一下子就举起手来："我爸

爸最大的本领是烧菜。"妈妈看到这里，心里感到了莫大的欣慰，因为斯斯终于把丢失的自信找回来了。在以后的日子里，她一定要多关心和注意孩子的变化，再也不要让她把自信丢掉了。

母亲是孩子的第一任老师，是和孩子相处时间最多的人，妈妈的言行对孩子的影响很大。因此，妈妈在处理日常的事务或工作中，应表现出自信心十足。在孩子遇到挫折时，妈妈要用肯定性的言语促进孩子树立自信。

妈妈可以这样鼓励孩子："你比上次进步多了"，"你能做好的，只要你肯再努力一次"，"别人说你能行"等等。对孩子少一些偏见，多一些平常；少一些歧视，多一些尊重；少一些冷眼，多一些赞许，让孩子享受到温暖的阳光。那么，无论哪种层次的孩子都会获得心理上的满足，从而产生一种积极向上的动力，这样，潜能将被激发，奇迹将会出现。

宽容、言出必行的妈妈

由于家境的困难，林肯12岁的时候不得不中止学业，去做了一个伐木工人。每伐倒一棵树木，工人们就在木头的尾部用墨水写上自己名字的第一个字母，表示这根木头是自己所伐的，然后再去向老板要钱。林肯的全名亚伯拉罕·林肯，所以他就在自己伐倒的木材上写上一个"A"字。但是有一天他发现自己辛苦砍伐的10多根木头被人写上了"H"，这显然是有人盗用了林肯的劳动成果。

林肯生气极了，回家对继母说："一定是那个叫亨得尔的家伙干的，我去到他们家找他论理去。"

继母看着林肯说："孩子，听我给你讲个故事。从前有一个人叫斑卜，他以打猎为生，经常在密林中安装捕兽套子。有

一天他又去收套子，却发现动物已经被别人取走了。斑卜很生
气，就画了一个正午的太阳，还有两个人站在捕兽套边的图案。
第二天他来到了这里，看到有一个浑身插满了野鸡毛的印第安
人在那里等他。他们彼此语言不通，只能通过打手势来对话，印
第安人用手势告诉斑卜这里是我们的地盘，你不可以在这里装套
子。斑卜也打手势说：这是我装的套子，你不能拿走我的果实。
后来斑卜想，与其多个敌人，还不如多一个朋友，于是他就大方
地将捕兽套送给那个印第安人了。有一天斑卜打猎时遇到了狼群
追赶，被迫跳下了悬崖，等到他醒来的时候，发现自己正躺在印
第安人的帐篷里，伤口上还有印第安人给他上的药。此后他就成
了印第安人的好朋友，和他们生活在一起，共同打猎。"

　　继母讲完了故事，微笑着看着林肯说："孩子，你要学会
宽容别人，这样才能使自己的路越走越宽广。要不然，你在社
会上就会到处树敌，是很难成功的。"

此后，林肯牢记母亲的教导，而这种宽容的美德也为他以后的人生
铺平了道路，最终竞选为美国第 16 任总统。在南北战争期间，林肯的宽
容显现了非凡的作用。有人向总统举荐了很有军事才能的格兰特，但是
整个国会对此都持反对意见。他们指责说："格兰特嗜酒如命，脾气暴
躁，根本就不适合领导军队。"

林肯却力排众议说："世界上没有十全十美的人，我们应当看到一
个人的长处而不应当只盯着他的短处。格兰特将军英勇善战，这正是当
前我们所需要的呀。"

在林肯的坚持下，格兰特临危受命，指挥士兵迎战南方军队。果然
他以出众的军事才能，指挥军队很快扭转了局面，将南方军队打得大败，
从而取得了南北战争的胜利。

人们这才盛赞林肯的宽容，但却很少有人想到那位宽容的母亲。林
肯在后来的回忆中，对这位继母充满了感激与敬仰。据说在林肯的总统
办公室里还挂着这样的条幅："宽容比批评更能改变人。"而这种宽容的

精神，正是源自继母的教导。

人类成熟的重要标志是宽容，忍让，和善。当一个人把宽容当做美德发扬时，这个人也就具备了感人的魅力。贝尔奈曾说过："不会宽容人的人，是不配受到别人的宽容的。"这是对宽容最好的诠释。可见，宽容在一个人生命中的重要性。

今天是香香十岁的生日。一放学，香香就高兴的往家跑，她可一直盼着快点庆祝生日。因为，期中考试后，妈妈答应为了奖励香香，在她生日那天要送香香一件礼物。一路上香香总在想：妈妈会送我什么呢？

一到家，香香抵挡不住自己的好奇心，东看看西翻翻，可就是找不到有什么特别的东西。无奈之下，香香只好乖乖地坐到妈妈跟前。妈妈说："香香，你猜猜看我会送你什么礼物？"香香绞尽脑汁也没想出来。妈妈见女儿那个着急劲，就让香香闭上眼睛，伸出双手，手心向上托着。不一会儿，有一件东西轻轻地落在香香的手心。香香一下子睁开眼睛，一封信！香香撕开信封，信是妈妈写的，信里的每一个字、每一句话都深深地打动女儿，妈妈的信还没有读完，香香就止不住地流泪了。接着，妈妈让香香再闭上眼睛，伸出双手，又有一个比刚才更重的东西放到了香香的手中。香香睁开眼睛，礼物是用包装纸包好的，上面还有一朵花，她用剪刀把包装纸剪开，里面是两本书，一本是香香一直想要的《淘气包马小跳》，还有一本是她最喜欢的《同桌冤家》。香香拿着书对妈妈深深地鞠了一躬，说了声："谢谢！""妈妈答应你的就一定会做到！"妈妈笑着说。妈妈的礼物使香香既感到意外，又开心。

也许妈妈向孩子的许诺很不起眼，但有的妈妈不知道孩子会当真，会一直盼望，如果没实现，孩子对妈妈的态度就会改变，认为妈妈在说谎。故事中香香的妈妈实现了自己的诺言，无疑香香是个幸福的孩子。在我们的生活中，有很多妈妈顺口给孩子许诺，事实上并不实现自己的诺言。这样的妈妈应该明白，孩子是一朵最灿烂的花，但花不可能在谎言中绽放，作为妈妈要以身作则，不要骗孩子，说到就要做到，这样才能给孩子树立好的榜样。

此外，妈妈在向孩子许诺之前一定要三思，不能言而无信，答应孩子的事情就一定要做到。如果兑现不了，应及时给孩子解释，向孩子道歉，并作自我批评，让孩子从内心理解和原谅妈妈。否则，久而久之，孩子会对妈妈产生不信任感，并认为说了话可以不算数，慢慢地他们也会学着这样做。

尊重孩子想法的妈妈

娇娇上五年级了，她从一年级开始就养成了写日记的好习惯。一天，她正在房间里写日记，听到有人敲门，便问："谁呀？"

"是妈妈，我可以进来吗？"

"请进！"娇娇一边答应，一边把日记本合起来。

妈妈端着一杯牛奶进来，看到她把日记本合起来，就笑着问道："又在写日记啊？"。

"是的，不过，妈妈可不能偷看哦！"娇娇顽皮地"警告"妈妈。

"好，妈妈不看。其实妈妈小时候也和你一样，写日记的时候总怕别人看到，不仅如此，妈妈还要拿个小锁把日记本锁住，生怕别人偷看。"妈妈一边抚摸着娇娇的头一边说。

"那有人偷看过你的日记吗？"娇娇好奇地问妈妈。

"没有，别人看我日记上有锁，就知道我是不希望别人看到，所以也就不看了。现在想想那时候也挺有意思的，一把小

锁，仿佛锁住了自己很多的快乐和忧愁。"妈妈笑着对娇娇说。

"妈妈，我的日记里也有很多有趣的事情呢！"娇娇自豪地对妈妈说。

"我知道，不过妈妈非常希望能分享你的乐趣和烦恼，但是妈妈也会尊重你的意愿，不会偷看你的日记的！"妈妈真诚地说。

"既然妈妈这么说，我倒愿意和你一起分享我的日记了。"娇娇快乐地说道。

娇娇有写日记的习惯这是一件非常好的事情。孩子也有她自己的小秘密，在孩子没有同意让妈妈分享的时候，作为妈妈最好还是尊重孩子的想法。娇娇的妈妈非常想知道自己孩子的内心世界；想知道孩子到底在为什么而高兴，为什么而苦恼。所以，最后，妈妈还是获得了娇娇的信任，和娇娇一起享受起了她日记里的乐趣。其实，生活中父母们会经常遇到孩子写隐秘日记，这时候，有些父母就会觉得孩子是在做"坏"事，于是在没有得到孩子允许的时候破坏了孩子的"梦"。作为父母，这样做等于剥夺了孩子的隐私权，另外，当一个人在另一个人面前完全变成一个透明的人时，可想而知那是一种尴尬，也是一种无趣。当孩子的隐私权被父母无辜地侵犯时，他们会觉得父母不尊重自己，这种恶性循环长期游荡在孩子脑海里，就会形成一种排斥，对孩子的成长是不利的。在这种情况下，父母只有获得孩子的信任，尊重孩子的个人意愿，才能走进孩子的世界，成为孩子的朋友，和他们一起体味成长的喜怒哀乐。

言言今年十岁，别看她年纪不大，可是邻居们人见人夸的"小大人"。因为她懂事爱帮助人，说话办事就像个大人似的，所以人们就给了她这个可爱的头衔，不过，这个头衔的主要功劳还要归于言言的妈妈。

言言妈妈是一位医务工作人员，在多年的工作中，磨炼了她的耐心。这种耐心在她教育孩子的过程中也得到了充分的运用。从言言上幼儿园开始，妈妈就把言言当作家庭成员中享有平等权利的一员。如果家庭有什么事情，妈妈也会让言言参与进来，大家一起商量，最后得出结论。也正是这样的锻炼，使得言言从小就对自己的事情有着独特的见解，有些事情，大人还没有理出头绪的时候，言言的小脑袋就已经想出对策。这不仅锻炼了言言的主见性，同时也给了言言一种真正家庭成员的感觉，让她从小觉得自己不是妈妈怀抱中的小鸟，而是和爸爸妈妈在一起的整体。值得一提的是，每当家里开家庭会议的时候，妈妈总会说一句："孩子，我们尊重你的意愿。"也正是这一句话让玲玲觉得她不是父母翅膀下的小鸟，而是一只可以独立觅食的雄鹰，她要学会料理自己的一切事物，更要有选择性地接受父母的意见和建议。

想必像言言这样的孩子，走上社会以后也不会吃太多的亏。"可怜天下父母心"，每一位父母都希望自己的孩子将来有出息，能够在这个竞争激烈的社会中获得一席生存之地。所以，当孩子来到这个社会上以后，父母们就迫不及待地教导孩子按照自己的意愿去完成各种事情，生怕孩子的未来没有光彩。其实，父母这么做，只会让孩子越来越依赖父母，结果只会事与愿违。很多事实都证明，父母多听听孩子的意见，尊重他们的意愿，对于强化他们的主见性有着非常重要的作用。

父母没有权力借父母之名剥夺孩子的发言权，更没有权力不尊重孩子的意愿而强制他们按照自己的意愿去生活。

坦诚的妈妈

下午，婷婷去宁宁家玩。回家后，妈妈让婷婷整理自己的小屋子。婷婷上床铺床单的时候，突然从包包里掉出了一个小芭比娃娃。妈妈记得，宁宁来家里玩时拿过这个娃娃，上周末

婷婷突然要妈妈给她买芭比娃娃，妈妈没有同意。就在妈妈想这件事情的时候，婷婷赶快把娃娃放进了床边的抽屉里。妈妈见婷婷的脸红了，便说这个娃娃好漂亮嘛，给妈妈看看。婷婷不很情愿的打开抽屉拿给了妈妈。

"这是哪里来的啊?"妈妈问。婷婷吞吞吐吐头地说："这是我考试第一，老师奖励给我的奖品。""可是，你不是说老师奖给你了一盒彩笔吗?"妈妈很耐心地问，婷婷不耐烦地答道："老师改变主意了呗!"于是，妈妈说："哦，记住，别人的东西再好也不能拿，如果要玩一定要经过别人的同意才行。你想，你心爱的玩具被别人拿走了，你会很伤心，对吧。"婷婷低着头不说话。"你们刚学习了列宁诚实的故事。孩子，诚实就是一个人生存的资本。不诚实的孩子会失去朋友，失去爸爸妈妈的爱，那样他就会很孤单，生活也不快乐。"妈妈语重心长的说完，就装作什么事情也没有发生一样走出了房间。不一会儿，婷婷走出来说："妈妈，这个娃娃是我拿宁宁的，她不知道，我现在就去还给她。"

孩子对没见过的东西，尤其是对新鲜玩具，很容易产生兴趣，并想占有它，这是正常的。婷婷妈妈的做法不仅仅保护了孩子的自尊心，又教育了孩子。

因为孩子年龄小，妈妈必须把道理具体化、形象化、趣味化，这样孩子才能接受。因此，妈妈可利用讲故事把做诚实人的道理寓于故事之中，使孩子明白什么是诚实，什么是虚假和欺骗，应该怎样做，不该怎样做。同时还可以制订一些规则并严格要求，如：不是自己的东西不能带回家；没有得到别人的同意不可随便拿别人的东西；借了人家的东西要及时归还；有了错要勇于承认；答应别人的请求就一定要想方设法去做好。

此外，妈妈除了经常给孩子讲一些"做人要诚实"的道理外，还要给孩子创造一个宽松、愉快、民主、和谐的家庭氛围，只有家庭成员相互保持诚实真挚的态度，使孩子感到家长的爱护和关心，他才能够信赖家长，有了过失才敢于承认。当然，妈妈不要忘记满足孩子合理的要求和愿望，如适时地给孩子添置玩具、图书及彩笔等。让孩子意识到自己需要的东西，只要是合理的，又是家庭力所能及的，就可以得到满足。这样可避免孩子因需要不能满足，而把别人的东西随便拿回来，又不告诉家长和朋友的情况。

　　妈妈让小磊去小区的超市买一瓶酱油，小磊爽快地答应了。因为没有零钱，妈妈给了小磊十元钱。小磊买回来酱油交给妈妈的时候，对妈妈说："对不起，我在回来的路上，把剩余的钱丢了。"妈妈看见小磊的脸红红的，吞吞吐吐的样子，就没有再说什么，只是让他去写作业。晚上，妈妈借口给小磊整理文具，看见小磊文具盒底层有一卷零钱，用超市的小票包着。妈妈当时依然没有说什么。睡觉前，妈妈给小磊讲了狼来了的故事，小磊问妈妈："为什么狼真的来了的时候，村子里的人不救山上的男孩呢？""因为他前两次说谎了，村子里的人不相信他了，以为这一次他还在撒谎啊？"小磊沉默不语。妈妈接着说："孩子，你要记住，说谎的人永远不会得到他人的信任。"第二天早上，小磊吃完早餐，早早的上学去了，妈妈看见茶几上放着小磊买酱油剩下的零钱，旁边的一张纸上写着："妈妈，我错了，我记住了，说谎的人不会得到他人的信任，我以后再也不会说谎了。"

说谎，是一种不诚实的行为。孩子说谎，家长们既讨厌，又常常束手无策。而小磊的妈妈用"狼来了"的传统故事，教育引导他做一个诚实的孩子，小磊也及时改正了错误。

　　家长发现孩子说谎后，最重要的是要教育孩子，帮助他认识说谎的危害性。家长应告诉孩子，说谎得到的只是自欺欺人的短暂快乐，而失去的却是父母、老师、同学的信任。在孩子承认说谎不对，表示今后会改正后，家长应当表示高兴，深信他会改正，成为一个受大家欢迎的诚

实的人。这样，孩子会受到鼓舞，彻底改掉说谎的毛病，逐步养成诚实的好习惯。

此外，纠正孩子说谎的坏习惯，关键是培养孩子诚实待人、老实处事的好品德。待人诚实，才能博得他人的信任。家庭教育的一项重要任务就是教孩子学会做人，而学做人，首先就要从培养孩子诚实开始。

懂礼仪、讲礼仪的妈妈

涵涵刚上幼儿园，但是，妈妈发现涵涵有一个很不好的习惯，家里一来客人她就害怕，有时连看都不敢看一眼。每次妈妈指着客人让涵涵叫"叔叔、阿姨"时，涵涵就会表现出很羞涩的样子，妈妈说几遍她都不肯开口叫人，就因为这件事情，涵涵常常被妈妈批评。

后来，家里再来客人时，涵涵就低着头不说话，有时只要一见到陌生人，她就会躲到妈妈身后，或是干脆跑回屋里做自己的事情。这样没过多久，涵涵就养成了只要家里来了陌生人，她就躲在自己的屋里或是只顾玩自己的，很少与人打招呼的习惯。

最后，涵涵的妈妈想了一个办法，让涵涵和大人一起招呼客人。刚开始，说什么涵涵都不肯露面。妈妈采用了各种方法引诱，"又是答应买东西""又是言语上的激励"，最后，好不容易才让涵涵从屋里走出来，张口说话。就要样，在妈妈不断地引导下，涵涵终于改掉了不爱打招呼的坏习惯。

从那以后，涵涵变得特别喜欢和妈妈一起招呼客人，听了客人们赞扬"小涵涵，真乖！真懂礼貌"后，涵涵的脸上露出了幸福的笑容。这样一来，只要家里有客人来，涵涵总是第一个跑去开门，然后热情地问好。妈妈看在眼里，喜在心上。同时妈妈也知道了，如果让孩子去做一些事情，就得陪伴孩子一起做。

小孩子对于一些陌生的人总会产生一种恐惧感，但是只要妈妈加以正确的引导和鼓励，相信会使孩子变得更懂礼仪的。当然，还要注意的是，有时候父母越是迫切地要求孩子去做事情，越不会收获预期的效果。相反，还会引起孩子的抵触情绪。孩子最喜欢模仿妈妈去做事情，这时妈妈可以自己给孩子做示范，让孩子学着模仿，慢慢地孩子的好习惯就会养成了。

下午放学，雯雯和小朋友们分手后，走进小区碰巧遇上了帮妈妈去买菜的姐姐，姐姐两手拎的满满的都是雯雯爱吃的蔬菜和水果。"姐姐，你怎么买这么多啊？来，我帮你拎！"急忙跑上前来的雯雯边说话边伸手从姐姐手里接塑料袋。"周末了，妈说，给你这只馋猫做好吃的呗，你拎这个就行了，走吧，马上就到家了。"看到妹妹满脸堆满了笑容，姐姐分给雯雯一个装青菜的小袋子。走到楼下的时候，因为拎的东西太多姐姐不得不停下来歇一会，跟着停下来的雯雯说："姐，我想要妈给我买个MP3，明天去买。"姐姐问道："你要啊它干吗？""听歌啊，我们同学都有。"雯雯撅嘴对着姐姐说。"不可能，对学习又没什么帮助，妈妈肯定不会给你买……"姐姐的话还没有说完，"猪脑子！"雯雯狠狠地嘟囔一句，扔下手里的蔬菜口袋，转身进了屋里。雯雯说的三个脏字正好被屋里准备做饭的妈妈听见了。

过了一会儿后，在雯雯房间里，有笑有唱的母女俩愉快地聊着天，妈妈看时机成熟就对雯雯说："雯雯，说脏话是可耻的行为。你不明白吗？说脏话会伤害他人，何况是你应该尊重的姐姐。"雯雯伸出舌头扮个哭相，妈妈严肃地说道："其实想要MP3也不是不可能，但是，这要看你以后各方面的表现喽！"

吃晚饭的时候，雯雯向姐姐道了歉，并保证以后不说脏话了。晚饭后，雯雯还主动帮妈妈洗碗，帮奶奶倒了洗脚水。

想要 MP3 的愿望得不到满足，雯雯心里不高兴，于是尽自己最大的能力来发泄心中的不满。其实对雯雯来说，可能她根本不明白"猪脑子"这个词确切的意思。只是偶尔听到了这个词，对词意有一点儿感觉，生气时随口说出来的。而雯雯妈妈的处理方法显然是明智的。

听到孩子说脏话，妈妈都会生气，但千万不要让情绪失控，冷静应对才是最为重要的处理原则。只要能耐心向孩子说明，他就会信服你。用适当的说法和孩子一起思索，运用解释与说明，为孩子传达正面与负面的不同社会价值，是个好的方法。在讨论过程中，尽量让孩子理解，这些粗俗不雅的语言为何不被大家接受，它们传达着什么样侮辱的意味，也要让孩子体会听者接收到这样的信息时是如何的感受。

孩子说脏话的动机，不论是因为好玩、习惯，还是为了表达不好的情绪，妈妈都应悉心引导孩子，教孩子换个说法试试看。彼此定下规则，随时提醒孩子，告诉他能克制自己，不说不好听的话，言语应该有理又合宜，这样才是好孩子。

正视孩子的错误，有爱心的好妈妈

星期天，晨晨和妈妈一起去姥姥家玩。他们带了很多食品，打算到姥姥家做一顿好吃的。当她们走到一个路口的时候，忽然刮过一阵大风，这时晨晨看到妈妈拿着那么多东西行走有些吃力，于是就说："妈妈，我帮你拿包吧！"妈妈看了他一眼，就把包给了他。可是晨晨不小心把包一下子摔在马路上，里面装的是妈妈的笔记本电脑，他心想：这下完了，妈妈肯定会骂他一顿的。可是出乎他意料的是，妈妈并没有骂他，只是说："没事，你把包捡起来，站到路边，这里危险。"晨晨赶紧捡起包站到路边，等妈妈把东西送过马路，又走回来，拉着他一起过了马路。

路上，晨晨小声地对妈妈说："妈妈，我不是故意的，你不会怪我吧？"

"傻孩子，妈妈怎么会怪你呢？妈妈高兴还来不及呢！这正好说明了你是一个有爱心的孩子，妈妈为你骄傲啊！"妈妈抚摸着晨晨的头说道。

"可是你的电脑会不会摔坏啊。"晨晨还是很后悔。

"没关系，里面有防震层保护着呢！我们每个人做事都有不小心的时候，晨晨也犯过这种错误，不过晨晨以后就特别注意了，相信你也会吸取教训的！"妈妈说道。

"嗯，我以后会小心的。"晨晨说。

每个孩子都免不了会犯这样那样的错误，而孩子正是在不断犯错误、纠正错误的过程中成长起来的。所以说，重要的问题不在于孩子是否犯错误，而在于父母采取何种态度让孩子认识并纠正错误。善于在孩子的错误中发现优点，用赏识的态度去教育孩子纠正错误，比严肃的批评和打骂更有作用。

有些妈妈在发生类似于上述的事情时，可能会责怪孩子一番，例如"你没有那个能力，就不要乱帮忙""你越帮越忙"等等。现实生活中，妈妈如果这样说了，就不利于孩子爱心的培养。因为，孩子最初的初衷是好的，他是看着妈妈太累，想为妈妈分担一些，对于中途出现的特殊情况纯属意料之外的事情。

因此，当孩子犯了错误，作为妈妈要调查清楚事情的起因、经过，发现孩子在错误中显露出来的优点。你可以说："虽然你做错了，但是你的爱心可嘉。只要你以后在帮助别人时谨慎一下就可以了。"

生活中，妈妈的一举一动都对孩子有着重要的影响。因此，妈妈要以身作则、审视自己，才能教育好孩子。

小朝的妈妈，每天都要在小朝睡前给他讲一个小故事。这

样，小朝就养成了每天睡前都要听妈妈讲一个故事才能安然入睡的习惯。

每次上床前，小朝都要缠着妈妈给自己讲故事，但妈妈并不是立刻就满足小朝，总是说妈妈还有重要的事情没有办完，你再等一下好吧。小朝有些疑惑，妈妈每天所谓的重要事情到底是什么呢？于是，他就尾随妈妈观察。他先是看见妈妈去厨房里拿了一个盆子倒满了水；接着，见妈妈把水端出了厨房，小朝在后面不声不响地跟着妈妈，眼见妈妈来到了行动不便的奶奶房间。小朝在想："妈妈这是要干什么呢："随后，便听妈妈说："妈，起来，我给你洗洗脚吧，洗了再睡舒服一点"。

小朝若有所思地待了一会，就回去了。

当妈妈给奶奶洗完脚回到小朝的房间时，发现小朝并没有在床上等着听故事，正在妈妈疑惑的时候，突然听到后面一声清脆的声音："妈妈，洗洗脚吧！"

妈妈扭过头，只见小朝吃力地端着一盆水摇摇摆摆的地进来了，妈妈的眼睛湿润了，露出了欣慰的笑容……

孩子的成长是一个社会化的过程，也就是说最终是要能很好地适应社会。在这一过程中，心理上的被认同感、行为模仿显得更为明显。

孩子的眼睛就像是照相机，每天都会拍下父母的形象。文中小朝妈妈给奶奶洗脚的这一行为，给孩子树立了榜样，"老吾老以及人之老，幼吾幼以及人之幼"，孩子受到妈妈的影响后，就会知道如何孝敬长辈、照顾别人了。

当然了，这个"照相机"并不单纯的照一些好的行为，同样也会真实地记录下父母的坏的行为。所以，妈妈们应经常拿出孩子们用心灵"拍摄"的"照片"看一看，也许你的照片并不是每一张都那么的"光辉"，挑出自己不满意的及时地做一下调整吧！

3

和老师一样,妈妈也需要随时"进修"

不唠叨是妈妈首先需要学习的

刚刚很爱学习，成绩也不错，可最近爱看动画片，学习成绩就慢慢下降了。每天放学一回家，他就迫不及待地放下书包打开电视机，津津有味地看起来。

妈妈过来了，看见刚刚正在看电视，脸色就变了，非常气愤地说："回来就知道看电视，还不抓紧时间去把作业完成！"刚刚扫了妈妈一眼说："看完了这集马上就写，也就十分钟吧。""十分钟，这可是你说的啊，过了十分钟后，我看你再不写怎么交代！"妈妈说。

还没有过一分钟，妈妈就又忍不住了："整天就看动画片，就这点出息了！"刚刚没有理会妈妈的话，只是在那尽兴的看着。"你还没看够，现在不写，又要写到晚上十一二点，没写完又该困了，我看你今天能不能写完！早上起不来可不行，迟到了老师饶不了你！"刚刚还在继续看电视，听着妈妈的话有点不耐烦了。

刚刚听见妈妈还在客厅里抱怨："人家孩子都是一回家就写作业，你倒好，打开电视就看，作业写到深夜，写不完了就胡乱应付，这样成绩能好就怪了，看着人家孩子一直考第一，自己也一点不觉得丢脸，我都跟你丢不起这脸！"刚刚越来越烦了，想想也是，成绩越来越差，作业越来越难做，真泄气！妈妈在旁边唠叨动画片也看不好，作业也做不踏实，心里特别不舒服，那天刚刚的作业还是没有写完。当然，妈妈的唠叨也没有收到成效。

有些妈妈非常爱唠叨，一件事情往往唠叨得孩子的耳朵听出茧来。

比如：每天早晨，当孩子还在睡梦中的时候，就被妈妈的唠叨声吵醒了："懒虫快起床，上学快迟到了！"等孩子迷迷糊糊地起来以后，妈妈的唠叨声又响起来了："快去洗脸刷牙！"吃早餐的时候，妈妈又开始唠叨说："快点吃，再不快点就来不及了。"吃好早饭准备去上学了，妈妈又不厌其烦地说："上课要认真听讲，积极发言，下课了要多和同学们来往，出去呼吸一下新鲜空气……"当孩子不耐烦地冲出家门时耳边又想起了妈妈的声音："不要跑，过马路要小心……"从早说到晚，让人难以承受。结果使孩子生厌，反而起不到教育的作用。

7岁的小女孩菲菲，是一个非常聪明伶俐的孩子。一天，菲菲正准备下去找小朋友玩，妈妈急忙走上前去说道："菲菲，你下去的时候顺便看看咱们家信箱，有东西就拿上来。"

"好的。"菲菲很爽快地答应了。

十分钟之后，菲菲上来了。

妈妈问道，"菲菲你看了吗？"

菲菲看了看妈妈："看什么呀？"

"信箱你看了吗？里面有没有东西。"妈妈生气地说，"看看你，天天脑袋里装的是什么，这点儿事都办不起成！"

之后，就见妈妈的一番唠叨……

心理学告诉我们，唠叨，是一种重复刺激。有时妈妈总是爱唠叨孩子，一句话要重复多遍，时间久了，就会发生类似于故事中的菲菲的情况。妈妈的唠叨，使孩子习惯于一件事情要反复听好几遍才能弄清。所以，有时候孩子在听妈妈说话的时候，他总是会自然地想："何必那么注意，反正妈妈还会再说一遍的。"

妈妈"爱唠叨"的动机是可以理解的。但随着孩子的长大，可供妈妈担心的事情实在是太多，每时每刻都在提心吊胆，"常常说教"成了必然的事情，可是，"唠叨"却往往没有起到该起的作用，时间久了，唠叨只能让孩子变得越来越懒惰，耳朵也越来越麻木。

因此，妈妈们何不停止对孩子无谓的"唠叨"，对孩子进行正确的指导呢？

首先，应学会尊重孩子。当孩子怠惰、不专心读书，且说教无效时，不妨停止语言的劝诫，改为用行动施以适当的惩罚，让他反省自己的过失，看到孩子有悔意就不要再过多地加以指责。有过亲身教训后，孩子会改进的。

其次，对孩子的毛病、缺点，找适当的时机，认真而亲切地指出哪些地方做得不合适，应当怎样做才好。俗话说"金无足赤，人无完人"，当然也没有十全十美的孩子。孩子常是大人教育的"反光镜"。在家庭中，孩子犯了错误，常不知错在哪里，妈妈应明确指出孩子的错误之处，不要把以往所有的错误都加以"数教"，着重眼前的错误就行了。

最后，将自己说同一句话的次数慢慢地减少、减少再减少，明确地告诉孩子"我说过的话决不再说第二遍"。当孩子意识到如果不注意听就真的会错过时，他自然就会竖起耳朵注意听了。

妈妈要懂得克制自己的脾气

坤坤的脚扭伤了，在家养伤，一直没能上学。坤坤的妈妈是一名教师，具有相当不错的教育经验，所以在坤坤受伤的这段时间里，妈妈就担当起了坤坤的专职老师。妈妈这个老师非常的负责，每天晚上从学校里回来后，就会抓紧时间为坤坤补课。到了星期天，上午教新课，下午背课文、写作业。没有别人干扰，坤坤在学习上也比较认真。

可是，在家待久了，毕竟妈妈就是自己的老师，小孩子难免会心存侥幸，有时不听妈妈的话、偷懒这是常事。坤坤有个粗心的毛病，经常犯些低级错误。为这坤坤没少挨妈妈的批评。

一天，坤坤语文写错了一个拼音，数学减法算成加法了。为此，妈妈又批评了坤坤。没想到这一次，坤坤发脾气了，不但扔了书本，还不吃饭，看到这里妈妈更是恼火了，心想：你犯了错误别人还不能说了！妈妈一气之下给了坤坤一个耳光。

"望子成龙"是很多妈妈的心愿。很多妈妈在指导孩子的时候，都会遇到无论自己怎么讲解孩子都不明白的问题，也许孩子不明白的问题是一个特别简单的小问题，这时妈妈就会很生气，轻则训斥孩子，重则打孩子。然而，生气不是解决问题的方法，打孩子更不是一个母亲理智的做法。

孩子虽然幼小，但随着年龄的增长，一个重要的心理特征是自尊心越来越强，打孩子是对其自尊心的严重损伤。有的孩子越打越"皮"，从逆反、对抗发展到破罐破摔、自暴自弃。

所以，妈妈最好还是控制自己的情绪。遇到类似情况，妈妈一定要听听孩子的想法，多从孩子的思维角度出发，了解孩子不理解的原因，并耐心地帮助孩子逐一解开疑难问题，让孩子掌握每一个自认为深奥的问题。这样不仅有助于孩子能力的提高，还会促进母子之间的感情。

楠楠四年级了，被社会上的不良青年引诱，为了讲兄弟义气，在暑假期间和同学偷过商店的东西。妈妈得知后，十分生气，但她并没有冲动地去打骂楠楠，而是想了一个怎样能够让楠楠能够认识到自己的错误并彻底改正的方法。

三天后一个中午，妈妈提前下班，楠楠也放学回家了。妈妈把刚收到的一份《法制报》递给了他，上面登着一段关于"少年犯"的文章。等他看罢，妈妈趁热打铁，从一条小虫毁大船谈起，谈到盗窃者的心理，今天偷1元，明天想偷10元，日后就会犯更大的错误……

楠楠体会到妈妈的苦心，把偷的东西交还给派出所，并从此认真学习，到了期末还拿回家一张奖状。

孩子有过错，理应批评，但其人格应当受到尊重。妈妈们应该收起那套中国传统家教"棍棒底下出孝子""不打不成器"的旧观念。妈妈对孩子的打骂会损害到孩子的自尊心。有的父母还误认为当着他人的面数落孩子，会增强"激发"效果，殊不知这样做不仅不利于孩子改正错误，同时最大的弊病就是伤害了孩子的自尊心。还有的父母在孩子犯了错后，就加以挖苦讽刺甚至斥骂"你真没出息""你真不要脸"等等，如此责骂，真不知究竟是要把孩子往正道上引，还是往邪路上推。

一味地责骂，只能伤害孩子。家长不要忘记，孩子也有他自己的情感和人格。批评并非是横眉立目、训斥、挖苦，它是以理服人，而不是以威压人。

对于犯了错误的孩子，家长在克制自己粗暴脾气的前提下，正确的方法应该是：一定要认真分析原因，而后进行细致的说服教育，既要保护孩子的自尊心和积极性，又要让孩子改掉不良习惯。对于受了哥们义气的影响而做错了事的孩子，家长要帮助孩子提高认识分清友谊与义气的界线，分清是好是坏的标准，要及时承认错误，向被害的同学赔礼道歉，赔偿损失，及时改正错误，并给孩子指出今后的努力方向。

妈妈不懂也可以问爸爸

毛毛快要考试了，作为班里的唯一一位转学生，他心里有着莫名的压力，但他是一个非常懂事的孩子，从来不和爸爸妈妈讲，他怕给他们增加负担。每次放学回家，他都会帮妈妈做一些家务，和奶奶聊聊天，他知道他们一家来到这里不容易，所以他在学习之余还会打一些零工，一天下来虽然很累，但他觉得过得很充实。

一晃就要期末考试了，这是毛毛来到这个学校后即将参加

的第一次考试。他暗暗在心里鼓劲：一定要考出一个好成绩。于是，他给自己制订了一个计划表，每天照着这个表进行复习、学习等。最近，毛毛的班里举行了一次考前的模拟考。这次模拟考中，毛毛的成绩并不理想，尤其是数学，最后的两道大题他都没有做对。于是，毛毛对自己期末考试取得好成绩的信心锐减。妈妈看见儿子不高兴心里也很是着急，于是，妈妈问毛毛发生了什么事情，毛毛把考试没有考好的事告诉了妈妈。妈妈赶忙叫毛毛把试卷拿过来，想帮儿子分析一下。妈妈看了一会儿题后，说道："哦，这题难度还真大，妈妈也解决不了。""没有关系，我去问问爸爸。"

妈妈带着儿子来到了爸爸的房间，爸爸看完题后说道："儿子，快拿椅子坐下，我来给你分析一下。其实，这题没有这么难，只要你打破你以往的思维方式，问题就迎刃而解了。"毛毛照着爸爸的话去做了。没过多久，毛毛就把难题攻克，还学会了解决类似问题的最佳方法。毛毛脸上露出了他那久违的笑容。

随后，妈妈对毛毛说："儿子，不要紧张，我们有什么不懂的就可以一起来问爸爸。"爸爸微笑着说："不用担心，你的这种反应是因为考前精神紧张造成的，只要你调整一下心态，我相信，你一定能考出一个理想的成绩！"

听了爸爸的话后，毛毛开朗了很多。在最后的几天里，毛毛经常和爸爸在一起，一起做运动，聊聊天，谈谈学习的想法等，父子俩儿有说有笑。站在一旁的妈妈看着这幸福的场面，欣慰地笑了。就这样，毛毛在爸爸的"精神救援"下，不仅复习得很好，而且还学到了很多课外的知识。在最后的考试中毛毛超常发挥了自己的水平，得到了学校和老师的一致认可。

母爱是伟大的，但妈妈也有解决不了的问题。妈妈也需要不断地提高自己的文化水平，不断地进修。特别是孩子上了五六年级后，各科的学习难度都在不断地增加，他们在学习上经常会碰到的一些疑难问题。

这些问题妈妈有时也无法解答。文中毛毛的妈妈，在得知儿子因模拟考没有考好而情绪低落的时候，本想为儿子排忧解难。可是，试题的难度已超出了自己的能力范围，但是毛毛的妈妈不但没有放弃，也没有责备孩子，而是和孩子一起去请教爸爸。在毛毛爸爸的帮助下，毛毛不仅解决了难题，而且在期末取得好成绩。这样的妈妈就是一个明智的好妈妈。相反，有些妈妈在遇到孩子问自己的问题，自己没有能力解决时，常会说，"你笨呀！你问我，我问谁！""老师上课讲时，你跑到哪里去了！""我不知道！"等等。试想一下，你的这种态度将会教育出怎样的孩子呢？如果妈妈真是为孩子着想，就应该冷静地反思一下吧！

吃完晚饭，妈妈问彭彭："快开运动会了，你做好准备了吗？"

彭彭看了妈妈一眼，疑惑地问："比赛还需要做什么准备吗？"

"那当然啊，只有做好了准备，比赛才有好成绩。"

"哦！"彭彭若有所思地回答。

"你参加的是什么项目啊？"妈妈问彭彭。

"跳远。"彭彭说。

"哦，那你对自己有信心吗？"妈妈接着问。

"这个，我有些担心，担心跳不好同学们说我。"彭彭低声说道。

"这个妈妈也不懂，没有什么技巧教给你。一会儿，我问一下你爸爸，让你爸爸教你几招，保证你能跳出好成绩，爸爸以前可是跳远运动员呢！"妈妈笑着说。

"好啊！"彭彭拉着爸爸的胳膊，着急地说，"爸爸，那你快教我几招吧！"

"好吧，你这几天要多做运动，把身体活动开，再在沙坑上练习，这样就不会对场地感到陌生了。最重要的一点，就是要把助跑的步子量好，你可以从起跳线往回跑，在速度最快的时候停下，并记下那个位置，下次助跑的时候就从那个地方起跑。这样你就会跑出好的成绩。"爸爸耐心地说道。

"好的。我明白了，我一定会按照爸爸说的做。"

在爸爸的指点下，彭彭掌握了跳远的最基本技巧，并且非常有信心地去迎接比赛。

哪一个父母不爱自己的孩子。在孩子遇到问题时，爸爸妈妈一起要携起手来帮助孩子把问题解决，只有这样孩子才能不断地进步。彭彭的妈妈在得知女儿因不懂跳远技巧而忧虑时，主动对彭彭说，"妈妈也不懂"，并要求彭彭去问跳远运动员的爸爸。妈妈这样做不仅让彭彭学到了真正的跳远技巧，而且树立了彭彭参加跳远比赛的信心。

孩子问你时，你哑口无言了怎么办？

康康今年两岁半，还没上幼儿园。昨晚，妈妈在给他洗澡时，他突然问妈妈："妈妈，你说老虎会上树吗？"妈妈很是纳闷，心想：这孩子怎么突然问这问题，按常理老虎是不会上树的，但是记得有一次看电视新闻，报道说有只老虎还真的上树了。正在妈妈想着怎么回答孩子的问题时，康康又问起妈妈："鱼会睡觉吗？"这一问，妈妈愣住了！天呀！这哪是不到三岁孩子问的问题呀！况且，第二个问题妈妈根本就回答不上来，可是，妈妈又不能误导她，只好告诉康康："宝贝呀，你太聪明了！但是有的问题妈妈也不知道答案，不过，我会尽快帮你找到答案的，好吗？"宝宝点了点头说："好！"

孩子天真无邪的问题，的确让人觉得好笑。如"天空为什么是蓝色的""小鸟为什么会飞呢"……仔细想想，要回答这些问题还真是不容易。有的妈妈在面对孩子提出的问题时，常会这样回答："小笨蛋，天空本来就是蓝色的。"不过，妈妈用这种轻蔑态度来回答孩子的问题，会使孩子丧失发问的意愿。因此，妈妈如果无法让孩子得到满意的答案，就可以非常认真地告诉孩子："我去查一查。"这么一来，孩子会因此而受到激励，会想再发问。

伟大的发明家爱迪生在进入小学以后，经常对平常事情提出怀疑的问题。

有一天，老师在黑板上写：2+2=4。这时候，爱迪生问道："老师，为什么结果会是4呢？"

老师说：

"2再加2，应该就是4呀！"

但是，爱迪生还是无法接受。老师却认为爱迪生的头脑有问题。因为班上有了爱迪生这样的学生，课程总是无法继续下去。于是，老师把爱迪生的母亲请到学校来，对她说："你的孩子智商太低，无法继续读书。"

不过，母亲认为爱迪生是个独特而优秀的孩子。自从爱迪生从小学退学之后，母亲就亲自对他进行教育。爱迪生有很多项发明，这是众所周知的。不可否认，这与他的母亲在其发问期很好地培育了他有着很大的关系。

孩子那些看似幼稚、好笑的问题却恰恰是他们认识这个世界、表达自己情感的开始，也是他们与父母沟通的重要桥梁。对此，妈妈必须给予足够的重视。妈妈把握得当，就会使孩子们谈话兴趣高昂，并始终保持着强烈的好奇心。这样，在孩子的视野中会层出不穷地出现一些新问题、新思想，使他们的思维变得越来越活跃，知识面得到不断地拓宽。爱迪生在这方面就是一个很好的例子。

四岁的园园看了《人猿泰山》的电影，就问妈妈：

"第一个人是出生在很早以前吗？"

妈妈说："是吧？是在很早以前。"

园园又问："那个人是从他自己的肚子里生出来的吗？"

这时，妈妈并没有回答，却笑了起来。

母亲的笑，让孩子明白人是从肚子里生出来的。第一个人类没有母亲，所以，孩子认为泰山是从他自己的肚子里生出来的。在孩子小的时候，经常会问一些奇怪的问题，这时，妈妈所给的答案不同，孩子的思维方式也会产生巨大的差异。如果孩子在询问中接收到了冷漠、嘲笑和呵斥，或者是漫不经心的伪答案，那么，孩子就会越来越漠视眼睛里所看到的新鲜事物。同样，他们的思维里所固有的活跃性的细胞就会懒惰、蜕变。最后，孩子的心灵里没有了疑问，脑海里死一般寂静，对周围世界的感知能力则越来越差。

因此，对于孩子所问的问题，妈妈决不能一笑置之。要有赞许孩子想法的态度。父母的这种态度能够提高孩子的好奇心。针对文中园园对妈妈所提出的问题，妈妈可以这样告诉他："你真了不起，能注意到这一点。"如果妈妈也不知道问题的答案，可以与孩子一起发问："嗯，到底是怎样来的呢？"妈妈这样做会让孩子充满了创造性和好奇心，能够注意到大家所没有注意到的问题。

和孩子一起动手的快乐

一直在南方长大的小茜，第一次和爸爸妈妈到北京的爷爷家过春节。一天早晨，小茜起床就到院子里玩，正在玩着，突然发出一声惊呼："妈妈快来看呀，满地都是盐！"大家一阵大笑，笑过之后告诉她，这是雪。小茜站在门里，好奇地看着大自然的魔法。随后她指指大雪纷飞的院子，向爷爷提出，想到里面去走走，但被拒绝了，爷爷说："外面很冷，小茜出去会被冻坏的。"

小茜有点失望，转而向妈妈投来求助的目光。"好吧，我们一起来做游戏吧!"妈妈说。妈妈说服了爷爷，让女儿戴好帽子、围巾、手套，招呼道："快来!"小茜咯咯地笑着，像小鸟一样飞进雪中。雪地里，妈妈先抓把雪让小茜尝尝，知道雪与盐的区别。然后搓雪球，打雪仗……没有寒冷，只有欢乐。碰巧，寒假作业上有一篇作文，要求写寒假最有意义的一件事。第二天，小茜毫不犹豫地写下了："我和妈妈打雪仗!"

游戏是孩子最好的伙伴之一，它能使孩子健康地成长，给孩子一个快乐的童年。游戏有不同的类型，妈妈参与到孩子的游戏当中，和孩子一起做游戏，则更能引发孩子的快乐。

家长和孩子一起做游戏，可以培养孩子的观察力，让孩子学着认识社会、了解人的社会角色；在游戏中，家长可以向孩子传授生活经验，开发孩子的想象力，教给孩子许多知识，训练孩子的语言及运动能力。还可以培养孩子的爱心，让他学会分辨善恶。

家长从孩子的眼中看世界，对妈妈也是一件新奇可乐的事情，有时甚至可以是妈妈重新认识生活、重新学习的机会。所以，游戏对孩子对妈妈，都是一件有趣而有益的事。

风和日丽的一天早上，爱因斯坦的妈妈玻琳对小爱因斯坦说："我最近收集了一些回收物品，我想我们是不是可以一起做个小玩具?"

"我们?"小爱因斯坦诧异地说，"你也要做玩具?"

"对，可以允许我参加吗? 我们一起来做。"玻琳很有兴趣的样子。

"好的。"小爱因斯坦高兴地答应了。

玻琳把收集来的东西拿出来，有废纸盒、糖纸、瓶盖、木头板、毛线等。

"哇，东西可真多。"小爱因斯坦兴高采烈地说。

玻琳却显得有些发愁："东西确实很多，不过我一直想不出可以做个什么玩具。你想个点子吧!"

　　小爱因斯坦把桌子上的杂物看了几遍对妈妈说："我们来做一辆汽车吧！你看，瓶盖可以做轮子，纸盒可能做车厢，毛线可以固定。"

　　"哈，你想得真是太周到了，我们就做汽车吧。"玻琳高兴地亲了小爱因斯坦一下，"不过，虽然是合作，但我们还得做一下分工，这样不会太乱，你说呢？"

　　小爱因斯坦点点头："好的。"

　　两人商量了一下，开始分配工作，小爱因斯坦负责把纸盒变成车厢，妈妈负责用毛线把瓶盖固定在车厢上。分配完毕，母子俩开心地制作起玩具来，其乐融融。

　　"妈妈，快帮我看看，纸盒的这一侧坏了，看上去太难看了，怎么办？"小爱因斯坦问道。

　　"噢，我来看看。"玻琳拿起纸盒，想了想，"我认为你可以把那些糖纸糊上去，这样还比较好看。"

　　"我最讨厌做那个工作，还是你来弄吧。"小爱因斯坦说。

　　"不，孩子，我可以帮你，但不能全做，因为那是你的工作。"

　　小爱因斯坦无奈，只好一点点粘起了糖纸。

　　10分钟过去了。"妈妈，你看，我没想到我居然弄好了呢。"

　　"真棒，我就知道你能行。"

　　中午的时候，母子俩的作品诞生了，那是一辆很可爱的汽车，她们把它放在了客厅里，并起名为"母子车"。

　　有的妈妈只关心孩子的学习，可是她们不明白孩子的生活本应是丰富多彩的，学习书本知识只是孩子生活的一部分，让孩子动手做事是一个既简便易行，又不能忽略的一个促进孩子发展的环节。孩子在动手做事情的过程中，手的动作是在脑的活动支配下进行的，是孩子的观察、注意等能力的综合运用过程，同时，手的动作又刺激脑的活动支配能力，促进观察、注意等能力的发展，是开发孩子智力的基础。小爱因斯坦妈妈的这种做法，非常值得妈妈们去学习。

教孩子正确面对成绩单

嘟嘟已经上五年级了，在学习上他的好胜心特别强，从来都是只争第一。这次期中考了第二名，嘟嘟叹了口气，沮丧地对他的妈妈说："我可能就那水平了，哎……""没问题的，以你的实力，下次拿第一名没问题！"妈妈斩钉截铁地说，语气中充满着鼓励。

这一天晚上，嘟嘟比以往提前了一小时上床睡觉。妈妈担心儿子，就借着给儿子点蚊香的机会进来看了儿子一眼。妈妈看见儿子似乎睡着了，点上蚊香后便出去了。但是，嘟嘟翻来覆去睡不着。"妈，我怎么也睡不着。"儿子见妈妈又一次来屋子里，睁开了假装睡觉的眼睛说，"妈妈，你说，我要是这次期末考不好怎么办呢？"嘟嘟显得忧虑重重。"孩子，妈妈的确希望你考好一些，可是你应该放下心里的包袱，咱们学习也不是为了分数啊！你看你现在不是很优秀嘛？妈妈相信这次一定能够考好的。"妈妈走近儿子，微笑地抱了一抱儿子，俩人眼睛里都闪着泪花……"嗯，那我睡觉了。"嘟嘟说着很快进入了梦乡。

最后，在妈妈的鼓励下，嘟嘟在期末考试中再一次拿到了第一名。

"学习并不是为了分数……"妈妈的话，应该与嘟嘟取得优异成绩的有着很大关系。家长关心孩子，做得非常到位，孩子们也深深体会到这种爱。孩子唯一能做的就是通过考试来报答父母。一旦考试不理想，孩子的心里就会感到深深的愧疚与自责。

很多妈妈都认为，分数是孩子的命根子，考出一个理想的成绩是一

个孩子的基本任务。其实，对于学生来说，有比分数更为珍贵的东西，那就是孩子内在品质的塑造。如果一个孩子为了追求好成绩，而使性格扭曲或患上心理疾病，这是得不偿失的。所以，一个会教育孩子的妈妈当发现孩子在为考试成绩焦虑时，应该和孩子认真地聊聊，并告诉孩子，"尽管考试考得不理想，但并不证明的你完全没有这个能力，只要你已经很努力了就够了"。最重要的是要让孩子懂得"分数并不能决定人的一切"这个道理，"失败"其实也是人生重要的一课，从失败中学到的东西并不逊于成功，应该学会洒脱地面对失败。

　　小蓉这次期中考试没有考好。看着自己的成绩单，小蓉每天都茶饭不思。想着平时妈妈的教导，小蓉真是觉得自己愧对于妈妈，没有脸再见妈妈。于是，她每天都把自己关在屋里，不见任何人。

　　最后，在妈妈的极力劝说下，小蓉终于走出了房间来吃饭了。吃饭时，妈妈安慰她说："虽然这次你考的不理想，但是你已经尽力了，就不要再难过了，剩下的时间好好的学习，等期末拿个喜人的成绩才是最关键的。与其终日伤心，还不如把这时间用在学习上。"

　　可饭后，妈妈在看奥运比赛时，看见哪个球员错失良机，就情不自禁地喊声："笨蛋！这么好的一个机会就错过了，唉，又比人家差几分了。"

　　妈妈说着无心，可是这话被为成绩而伤心的小蓉听了却是非常的难过。

小蓉的妈妈虽然没有直接批评小蓉，但是妈妈不经意的言语却伤害了小蓉的自尊心。所以说，父母说话时要注意自己潜在的情绪、面部表情以及肢体语言等，这些都能让孩子获得最"真实"的信息。尤其是小蓉妈妈在评论他人比赛结果时的措辞，已经让小蓉知道，自己的成绩在妈妈的心中占有多大的比重。

　　因此，作为家长，要对孩子的分数与成绩、成绩与学习、学习与能力等几对概念做一个明确的区分，把握它们之间的关系。要正确看待考试分数。考试分数固然很重要，但它毕竟是表面的东西，它只是衡量学习成绩的标准之一，而不是全部。家长应把培养孩子具有合理的知识结构、能力结构和科学的学习方法以及发展孩子的全面素质，摆在比考试分数更重要的位置上。

和孩子一起学外语

　　龙龙在学习方面有些偏科，爱学数学，爱看语文书，爱做语文作业，但对英语就是很头疼，导致英语学的一塌糊涂，考试成绩自然不怎么样了。龙龙的妈妈王芳刚开始以为要提升英语能力就是要多做题。但后来王芳发现，要想学好英语，必须先对英语产生浓厚的兴趣。

　　王芳想，要想让儿子对英语产生兴趣，首先做妈妈的必须要对英语有兴趣。于是，为了儿子的学习，王芳又翻出了英语课本学习。下班回来，没事就背单词，有时间还要拉上老公一起看上一场英语原声片。这些让龙龙很吃惊。有一天龙龙问妈妈：

　　"妈妈，你最近怎么突然学起英语来了？"

　　王芳说："儿子呀，这是妈妈的工作需要，现在妈妈的工作对英语的要求特别的严格，每周还有小测试呢！"

　　"英语有那么重要吗？"龙龙疑惑地问。

　　王芳说："当然了，现在很多人都在学英语，我们那时候是没有你们现在的机会，要不然，现在早就成了英语专家了。所以，你们一定要珍惜现在的机会好好学习呀，别等到用时再学，那就晚了。"

龙龙听了妈妈的话，似懂非懂的样子，点了一下头。

又一天，"儿子，快来，快来……"王芳忙着喊道。

"妈妈，怎么了。"龙龙跑了过来说。

"你快告诉妈妈，这个单词怎么读。"龙龙脸红了说："妈妈，对不起，这个我也不知道，我给你查一查吧。"

后来，龙龙帮妈妈查到了这个单词的读法，还和妈妈学习了很多单词。

接下来的几天里，龙龙一直都和妈妈一起学英语，渐渐地，龙龙也对英语产生了兴趣，而且，母子俩时不时地还说上几句常用的英语对话。

在最近的一次考试中，龙龙的英语成绩有了很大的进步。最重要的是，他现在自己主动学习英语了。看着现在的龙龙，王芳欣慰地笑了。

龙龙的妈妈，为了龙龙能够提高英语水平，想了一个培养龙龙英语兴趣的方法，并以身作则，自己努力学习英语，遇到了不懂的就来问龙龙，这时，自尊心很强的龙龙就主动去帮妈妈解决疑难。后来，妈妈的目的达到了，龙龙对英语产生了兴趣，而且，英语考试成绩也有了一定程度的进步。看到这一切，妈妈觉得自己的心思没有白费。

初学英语的小学生，对英语有着一定的抵触情绪，如果家长能积极从培养孩子对英语的兴趣入手，加以正确的引导，树立孩子学习英语的自信心，将会收到事半功倍的效果。学习时，最重要的是使孩子明确为什么要学好英语，并鼓励他们要努力学好英语。明确了学习目的，就会使孩子产生强烈的求知欲，并推动他们去努力学习英语，取得更大的进步。

正如一位著名的英语教学专家所说的："外语是学会的，而不是教会的"。作为母亲，不仅要引导孩子"学会"，更重要的是引导他们"会学"。例如：在平时，妈妈就要引导孩子多用英语与朋友、同学、家长、老师进行会话。无论是课堂上下，还是校园内外，都要尽量形成一种学习英语的氛围，让他们在不知不觉中学会英语。这样既克服了畏难心理，又使他们敢说、敢练。然后，再逐步实现由部分使用英语过渡到全部使用英语。这样逐步树立孩子的信心，使孩子觉得学习英语是一种乐趣，并且愿意去学习，久之，孩子英语水平就会大大提高。

勇于向孩子认错

这些天来，妈妈一直都在跟米乐生气。因为米乐晚上贪看电视，早晨叫不醒，吃饭还挑挑拣拣。今天早上，妈妈终于没了耐性，冲过去将米乐狠狠打了一顿，之后，把书包塞在他的怀里，粗暴地将他赶出了家门。

外面一直下着雨，妈妈望见米乐瘦小的身躯，斜挎又大又沉的书包，裹着快要拖地的雨衣，踩着泥水一边哭着一边走出院门。米乐走后，妈妈忽然想起来孩子感冒发烧，还没吃药呢！心头一震，连忙跑出大门，可米乐早已没了踪影。

整个上午，妈妈都心神不定。好不容易盼到了放学的时间，妈妈来到到大门外边，一个小时过去了，米乐的影子还是没有出现。妈妈拨通了班主任的电话询问米乐最近的学习成绩。老师十分高兴地说："米乐的成绩一直都是班上最好的啊！"听了老师的话，妈妈更加惭愧。就在这时，一阵踢踏踢踏的水靴子声由远而近，果然是米乐披着偌大的雨衣走过来，妈妈的泪水一下子涌了上来，将他紧紧搂在怀里，用几乎哽咽的嗓音喊了一声："儿子！对不起。"米乐愣住了，之后突然紧紧地抱住妈妈说："是我惹您生气了，对不起，妈妈。"

米乐的不良习惯引起了妈妈的怒气。因为自己对儿子的粗鲁方式，

妈妈又很懊悔，最终妈妈向儿子道歉了。妈妈的行为无疑感动了米乐，同时，米乐也认识到了自己的错误。

天下父母，谁也不敢保证自己对待孩子的态度永远正确，往往是，父母们一觉醒来发现自己错怪了孩子，出于无所谓以及理所当然的心理，父母们往往不肯向孩子认错，一些父母甚至认为，向孩子道歉有失脸面，会损害自己的威严。其实，教育学家和心理学家们认为，父母适时地向孩子道歉有利于改善家庭关系，有利于孩子的健康成长，也有利于提高父母的权威。

一天，小杰的妈妈带着他去隔壁的张阿姨家串门，正巧碰到了来串门的李阿姨。三个妈妈就坐在一起聊家常，三个孩子就在一边玩。可热闹了，孩子们吼啊！跳啊！玩具弄得满地都是。就这样热闹了一个小时，孩子们才依依不舍地散了。小杰这时还正在兴头上，说什么都不肯回去，一再地央求妈妈再玩一会儿。妈妈说："不早了，明天你们还要上学呢？改天再玩吧。"可是，妈妈怎么讲道理小杰也听不进去，拉他就不走，气得小杰的妈妈当场和他翻了脸，随便抓起样东西就向小杰的屁股上打去。

回到家后，小杰觉得丢脸了，走进房间关上门不理妈妈了。妈妈也不理他，就这样母子俩僵持半天。最后小杰的爸爸回来了，看情况不对，了解了事情的原委后对小杰的妈妈说："这次错在你，你当着那么多人的面打孩子，让他没有面子，他当然难过了，你还是给孩子去道个歉吧！"

小杰的妈妈最初觉得有些难为情，可后来似乎也想明白了，走进了小杰的房间对小杰说："小杰，这次是妈妈错了，对不起，请你原谅妈妈。"

小杰"嗯"了一声，母子俩和好了。

当孩子"犯错"以后，一些家长由于一时的感情冲动，往往会对孩子进行不恰当的过重的批评或惩罚。事后，父母又往往会后悔。一些家长"向孩子认错、道歉，会失面子，会失去权威"的担忧是多余的，家长学会向孩子"道歉"，对教育子女无疑是大有裨益的。

孩子会犯错，妈妈也会犯错。如果妈妈们只要求孩子做错时道歉、改正，而自己不会做出自我检讨的事情，那么，孩子即使接受了，心里也会不服。所以爸爸妈妈、老师首先要以身作则，在自己做了错事的情况下，要舍得放下架子，向孩子道歉，给孩子树立正确的是非观。

家长如果从不向孩子承认自己的缺点、过失，孩子就会产生"父母永远正确而实际上老是出错"的观念，久而久之，对父母正确的教诲，也会置之脑后；而如果在对孩子做错事后，家长能郑重地向孩子认错、道歉，孩子就会懂得承认错误并不是一件可耻的事，就会提高分辨是非的能力，学会原谅别人。更何况，诸多成功的家教经验表明，家长的道歉，还能扬起孩子理想的风帆，激励孩子一往无前、创造业绩呢！

让孩子学会节俭

豆豆是家里的"小鬼头"，尽管岁数不大，可在买东西这点上已经非常有"主见"，买衣服、买鞋，都得孩子自己拿主意，去超市的话更加不得了，这也要那也要，妈妈劝都劝不住。这令妈妈头疼不已。

一天，姥姥来家里，中午非常炎热，姥姥给豆豆10块钱去买冰棍，豆豆高兴地出门了。豆豆想：妈妈不在家，自己就可以买很多的零食了。豆豆到了楼下的小超市，左看右选，怀里抱了一大堆。突然一抬头，豆豆看见妈妈严肃的表情，豆豆赶快放下怀里的东西怯怯地说："是姥姥让我买的。"妈妈没有说什么，拉着豆豆出了超市。豆豆害怕妈妈，眼泪吧嗒吧嗒掉下

来。"豆豆，姥姥已经退休了，姥姥干了一辈子，就攒一点儿的钱，你看姥姥满头白发的，你真的忍心把姥姥的钱都花完吗？你要学会节俭。节俭的孩子，不论是妈妈，还是老师、小朋友们都会喜欢你的。你懂吗？"豆豆听后说道："妈妈，我懂了，我以后要做一个节俭、不乱花钱的好孩子。我们家里还有很多的零食，我不买了，我以后要把钱花在有价值的地方上，也就是有用的值得买的东西上。"妈妈点点头说："你真是个懂事的好孩子。现在，姥姥让你来买什么的？去买吧，妈妈等你。"豆豆再次去了超市，给姥姥和妈妈还有自己各挑了一支冰棍。

孩子品质的形成和母亲有着分不开的关系。现在的孩子由于大部分是独生子女，显得特别娇贵，家长对于孩子的物质需求往往有求必应，尽量满足，甚至没条件也要想方设法创造条件来满足他们，这样一来，孩子们的节约观念严重匮乏，容易养成铺张浪费的坏习惯。

妈妈应该怎样培养孩子节约的好习惯呢？

1. 妈妈要经常告诉孩子什么该买，什么不该买。在给孩子买东西前，告诉孩子考虑这件商品是不是应该购买的。

2. 要让孩子们明白，节约是一种美德，不论在中国还是在外国、在古代还是现代都是如此。节俭的人值得称颂。例如，毛主席在国家困难时带头不吃肉，周总理穿百衲睡衣，朱老总穿补丁布鞋……

3. 家长要指导孩子如何使用零花钱。家长给孩子零花钱要有计划，要限制数额，不要有求必应。有些家长要孩子记账，过几天查一次账，这不失为一种好办法。另外，家长还要鼓励孩子该用钱的地方大大方方地用，能少用钱时就不要多用，能不用的钱尽可能不用。总之，要教育孩子既不乱花钱，也不要养成吝啬的性格。

4. 要让孩子从小养成节约的好习惯。使用学习用品要节约，一张纸写错了字，擦掉还可以用。生活上也要讲节约，衣服破了个洞，补好了还可以穿；人离去灯要熄灭。除此之外，还要让孩子学会利用废旧物品，比如，可将旧凉鞋剪成拖鞋，作业纸写完后背面接下去写等等，这样既可培养孩子的节约习惯，又是一种手工劳动练习。

如果您的孩子养成了节俭的习惯，那么，就意味着他具有控制自己欲望的能力，意味着他已开始主宰自己。这将有助于孩子未来的成功。

和孩子一起学习上网

小枫的妈妈是一个公司的经理，他非常崇拜妈妈的办事魄力，在小枫的眼里，妈妈不仅是一个才女，而且还是一个优秀的母亲。

小枫的妈妈在教育孩子的方面，有着和其他母亲不一样的教育方式。这也许就是小枫之所以崇拜妈妈的原因吧。

记得小枫上三年级的时候迷上了网络游戏。有一天，小枫的妈妈下班回家发现儿子一直玩网络游戏，她没有发脾气，也没有说什么。后来，小枫的妈妈买了台电脑回来。妈妈下班后有时间就要儿子教她一起玩网络游戏。就这样，儿子带妈妈在另一个世界里杀怪物、打架、旅游，成了战友！有一夜，儿子睡不着，把妈妈叫进了自己的房间问，妈妈，为什么别人的母亲都反对儿女玩游戏，你不但不说我，还和我一起玩呢？妈妈回答说，"小枫，妈妈也不支持你玩，只是妈妈觉得你已经懂事了，很多事情不应该让妈妈为你操心了。""玩游戏可以，那是你的业余爱好，妈妈不反对，但是影响学习或者长期玩就不太好了。哪一个母亲不希望自己的儿子成材呀！再说，妈妈是一个很要强的人，你也是知道的，你要是有了出息，以后妈妈走在外面会是多么的风光。"听了妈妈的肺腑之言后，小枫惭愧地低下了头，说道："妈妈，谢谢你能理解我，我也理解你，

你放心吧,我不会让你失望的,否则就不是你的儿子了。"小枫以后再也没有玩过游戏。

孩子上网无节制,玩起游戏上瘾,这是很多妈妈为之痛苦不堪的事情。但是,小枫的妈妈并没有强制他去远离电脑游戏,而是和他一起去玩,先和孩子建立起共同的爱好。这样妈妈就和孩子之间有了共同的语言。其实,小枫也很明白长时间玩游戏是一件不对的事情,很多家长都是反对的。但是,母亲不但没有反对还同自己一起玩,待小枫为此而不解时,妈妈才道出了自己的心声,"谁不希望自己的孩子成材呢?"小枫这才明白妈妈的苦心,所以,在母子互相理解的基础上,小枫最后再也没有接触网络游戏。

不论我们在生活中充当何种角色,理解别人和被别人理解都是那么的需要。让一个人接受一件事情,与其强硬地塞给他,不如让他慢慢理解。

小方的妈妈是搞计算机的,家里专门有间机房。小方在10岁多就开始玩电脑游戏。小时候只要有适合他的电脑游戏,母亲就会给他装上,和他一起玩,一起玩过的游戏有几百个,家里的游戏光盘也有几百张。

当小方上小学三年级的时候,父母就鼓励小方上网,可惜他对网络没有太大的兴趣。那时,小方只是偶尔在论坛发张帖子(跟帖的朋友还比较多),或是上网查查游戏秘籍。

四年级的寒假,母亲又鼓励儿子小方上网、交网友,还帮他注册QQ号,带他打游戏,告诉他一些网络语言。在家中,三台电脑排开,儿子的电脑在中间。在游戏中,儿子还真有了两个比较好的女网友,一个是24岁,读研究生;一个是16岁,在读高中。小方请教妈妈后,给自己设计的背景是"24岁,读研究生"。这不是教儿子撒谎,只是小方如果说他才11岁,母亲怕没有人相信。母亲也通过这种暗示语言,希望儿子将来在学业上真的有出息。

网络时代，孩子不可能不接触电脑，所以，如何引导孩子对网络有清醒的认识才是最重要的。随着孩子年龄的增长，孩子的逆反心理逐渐增强。当母亲发现孩子迷上网络时，决不能以暴力解决问题，这样根本不利于孩子的健康成长。最好的方法是，母亲首先要正确地肯定他，然后与他一起玩，一起分析，告诉孩子上网的利与弊，慢慢地引导他不要沉溺于网络。另一方面，母亲要以身作则，多关心孩子，多花点儿时间陪孩子聊聊天，做做功课，上上网，玩玩游戏，要学会平等地与孩子相处，成为他们的知心朋友。此外，不能让孩子随心所欲地玩电脑，最好把电脑放在父母能看得见的地方。要恰当地地了解孩子上网的时间、用电脑干什么、与什么人发邮件。尤其要注意的是孩子也有个人隐私，作为父母，要保护孩子应有的权利，不要偷看他们的邮件，要开诚布公地和孩子交谈！

4

好妈妈要教给孩子的16项必备素质

自己的事情自己做

··

例1：公共汽车上，一位妈妈领着六岁的儿子去参加小提琴等级考试。妈妈不厌其烦地叮嘱他："别紧张，像平时练习那样就行了。"快到站了，妈妈给他围上围巾，戴上帽子。"妈妈，鞋带松了。"儿子边说边伸出脚，妈妈弯下腰，为他系好鞋带。车停了，妈妈拎着大包、小包和琴盒，拉着孩子，匆匆地下车而去。

例2：放学时，幼儿园门前水泄不通，围满了接孩子的家长。孩子们像一群快乐的小鸟一样涌出幼儿园，奔向各自的家长。这时，家长们总会迎上去，心疼地取下孩子肩头的小书包，或者小水瓶，拎在自己手里。孩子们轻松了，而家长则"全副武装"了起来。

做父母的都希望自己的儿女能健康成长，长大以后能够成才。可是，当你"望子成龙"的时候，可曾想到"让孩子做到自己的事情自己做"的重要性。

孩子总是要长大的，他不可能与父母生活一辈子。如果家长总也不撒手、不放心，一切都包办代替，那孩子是永远也长不大的。由于现在的家庭大多是独生子女，许多孩子受到父母的宠爱，过惯了"衣来伸手、饭来张口"的舒适生活，他们不知道父母劳动的艰辛，体会不到独立生活的意义，认为生活的一切都来得那么容易，那么自然。长此以往，就会使孩子滋生贪图安逸、不思进取的思想，这样，显然是不利于孩子今后走向社会的。像文中的小男孩，妈妈又是帮他围围巾，戴帽子，又是系鞋带。妈妈把孩子的一切都包办了，孩子在这样无微不至的关怀下，

看似幸福，背后却暗藏隐患。久而久之，孩子就会产生强烈的依赖性。

因此，妈妈们应该好好反省一下了，有些孩子自己完全有能力完成的事情，千万不要剥夺他们自己动手锻炼的机会。例如：孩子上幼儿园时要学会自己刷牙洗脸、吃饭穿衣、系鞋带、收拾玩具等；入学后要学会洗自己的小衣物、收拾书包、整理自己房间等，借此培养孩子的劳动观念，养成热爱劳动的好习惯。

此外，除了孩子自己的事情要自己做，妈妈也可以根据孩子的年龄，教他们干些力所能及的家务活：3～4岁的孩子可以分筷子、端饭、拿小物品；5～6岁的孩子可以叠衣服、取报纸、买小东西；再大些的孩子可以学做简单的饭菜，让孩子学会必要的生活技能，培养自理能力。

一天，小英和同学们去动物园。下午小英回来告诉妈妈："我把奶奶刚送给我的这个新衣服扯坏了，这可怎么办呢？"

正在准备晚饭的妈妈看看很着急的女儿故意说："先放那里吧，等妈妈有时间了，帮你把新衣服缝好，不过今天姥姥要来哦！"

"那姥姥一会儿来了，看见我把衣服已经弄破了会生气的。"小英很着急。

"自己的事情要自己去完成嘛。"听见妈妈的话，小英的脸刷的一下子就红了，于是，小英十分不好意思地对妈妈说："妈妈，我自己来试一试吧。"妈妈听后微笑着点点头。

小英找出了针线和花补丁，决定在那个有洞的地方缝一个采兰花的小兔子，妈妈以前都是那样给自己补衣服的。心里喜滋滋的小英毕竟是第一次用针线，还真不顺手，因为线分了叉，穿针眼用了5分钟才好。然后，开始缝，缝着缝着，突然小白兔成红色的了，一阵钻心的痛，针把小英的手都扎出血了。

"呜呜……"小英哭着。妈妈闻声走过来，看见小英把衣服、针和线一起扔在了一个角落里，妈妈心疼地帮小英把受伤的手指包扎好后说："好孩子，你看，手指没事了吧！缝的好漂亮啊，但是还没有完成。"听了妈妈的话，小英心里又惭愧起来。经过努力小英终于把衣服补好了。双手捧着缝好的衣服，小英仿佛看见变成红色的小兔子，正向自己跑来。小英笑了，妈妈也笑了。

小英虽然被针扎破了手，但是在妈妈的引导下，最终缝补好了衣服。妈妈的耐心指导，使孩子感受到了自己解决问题的快乐。

由此可见，家长应该从生活中的点滴小事来教育孩子自己的事情自己做。这样不仅可以使孩子少给别人添麻烦，还有助于培养孩子生活自理的能力。孩子养成自己的事情自己做得好习惯后，在成长路上一旦遇到事情，就会自己去做。

享受自己解决问题带来的快乐

佳佳上二年级了，可老师留给她的家庭作业除了数学外，她都能很好地完成。这可急坏了佳佳，也急坏了佳佳的妈妈。后来，佳佳妈妈到学校和老师说起这个问题。老师对佳佳妈妈说："对于二年级的学生来讲，学好数学可能会是一项非常艰巨的任务，因为这个年龄段的孩子所有的心思都在玩上，很难让他们安下心来去思考问题。所以数学也就显得难学了。不过，科学研究表明，学好数学是锻炼孩子思维能力的最好方式之一。它可以磨炼孩子的意志，教会孩子如何用自己的逻辑思维去处理生活中的事情，因此，不管作为老师还是家长，我们都要寻找一些孩子们可以接受的方法，让他们把数学学好。"

佳佳妈妈听了老师的一番话，决定和佳佳一起来学习数学。从此，每当佳佳放学回家以后，妈妈总是什么都不让佳佳做，

让她专心去思考、去做题。可越是这样，佳佳就越做不出来，她大多数时间都是坐在那里玩耍。妈妈看在眼里，觉得这样下去可能也不会有好的效果，于是又换了一种方式，那就是佳佳每做对一道题，妈妈就会给她买一些她喜欢的东西。可是佳佳新鲜了几天后，又不想做了。

正在妈妈发愁的时候，有一天，佳佳焦急地大声喊了起来："妈妈，快帮我，我实在做不出这道题啊！"

妈妈来到写字台前，对着佳佳说："佳佳，今天妈妈去学校时，你们的数学老师夸你了。"

"是吗？夸我什么呀？"佳佳好奇地问道。

妈妈回答："老师说，你是一个很聪明的孩子，你有自己的思想，老师上次留的数学作业是一道很难的题，全班只有几个同学做出来了，其中包括你。""老师还说，不管什么样的题，只要你仔细动脑筋就一定能做出来，而且你做题的思路还比其他同学的思路正确。"

"是吗？妈妈，老师真是那么说的吗？"佳佳说道。

妈妈说道："对呀？妈妈还能骗你？妈妈也相信你呀！"

妈妈看着佳佳的情绪似乎比刚才平静多了，便问道："你叫妈妈，有什么事吗？"

佳佳说道："哦，没，没什么，我在做题，一会儿做完了想让您帮我看一下。"

"啊，那没问题。"妈妈说道。

过了一会儿，佳佳把做完的题拿给妈妈看。

妈妈看后，说道："女儿，你真聪明，妈妈就相信你一定能做出来。你看，做得多好！做得很细心，一点错误也没有。"

听了妈妈的话后，佳佳开心地笑了。笑得比任何一次都开心。因为，她通过自己的努力，终于做对了自己认为很难做的一道题。她感受到了自己解决问题所带来的快乐。

从那以后，佳佳的数学作业再也没有让妈妈操心过。

让孩子通过自己的努力，获得成功的快乐，这样就会调动孩子的积极性。因此，妈妈在孩子遇到困难的时候，不要忙于帮孩子解决问题。要鼓励孩子，让他明白自己解决问题是一件很快乐的事情。有了问题，如果孩子自己不去解决，那么，在下次再遇到类似问题时，她还会有疑问。相反，经过自己用心解决的难题，就会印象深刻，下次一旦再碰上就会很容易了。这样长期下去，孩子就会从自己所解决的问题中获取更大的乐趣，也会坚持下去。

妈妈要想让孩子享受自己解决问题的快乐，就必须先培养孩子自己解决问题的能力。

第一，要教给孩子解决问题的语言

孩子4岁以后，可以教他一些经济问题的基础词：是 / 不是，和 / 或，有些 / 全部，之前 / 之后，现在 / 以后，同样 / 不同，等等，这些单词会对他大有帮助。比如有位母亲和女儿商量事情，就很巧妙地运用了解决问题的基础语言：

妈妈：你准备吃晚饭之前还是之后弹琴？

女儿：吃晚饭之前。

妈妈：哦，那好。但吃水果你想选择在吃饭之前还是之后呢？

女儿：当然是吃饭之后了，老师说过最好吃过饭半小时后再吃水果。

这里"之前"、"之后"的运用为孩子处理实际问题提供了两种可能，让孩子自己去思考，去选择，去决定。这样的基础词汇运用得多了，就能逐步提高孩子处理问题、解决问题的技能。

第二，训练孩子思考解决问题的方法

有一个妈妈为自己的儿子出了一道题：从三楼扔下一个鸡蛋，怎样做才能让它不破？这道题不是脑筋急转弯，也没有标准答案，妈妈出这道题的目的，就是为了激发孩子去思考问题的方法。这被称作"大脑风暴游戏"，每一个妈妈都可借鉴，经常对孩子提出一些问题，激发孩子思考多种解决问题的方法。如：小继喜欢跳舞，但因为胖，没被选上，他

还怎么办？洋洋受大孩子欺负，害怕上幼儿园怎么办？等等。鼓励孩子把他所能想到的主意都讲出来，无论他的想法多么愚蠢、荒诞，都不要取笑他，然后，跟孩子一起讨论这些主意，也可以让孩子跟他的小伙伴一起讨论，选出大家认为最好的主意。这种训练重复多了，孩子面对问题时就能想出尽可能多的解决办法，更灵活、更有创造性地解决问题。

第三，创设情境，锻炼孩子解决问题的能力

提高孩子解决问题的能力，光纸上谈兵不行，重要的是让孩子多些实践和体验。美国心理学家的研究成果表明，孩子是否能成功解决问题，更多地取决于他们的经历而非聪明程度。家长可以有意识地为孩子创设自己我解决问题的机会和条件，包括设置困难，让孩子多些锻炼，多些经历。比如让孩子独自到小卖部买东西，看他如何表现；有意晚些到幼儿园接孩子，看他怎么办。有个朋友的做法我觉得很不错，他把家里许多打电话的"业务"都交给5岁多的儿子：给煤气公司打电话，联系换煤气；给快递公司打电话，寄快件；给家政公司打电话，找人清理下水道……别小看打几个电话，孩子能从中得到不少锻炼，并学会了与人沟通，增长了应对生活中复杂情况的能力。

仔细用心去对待每一件事

诗博一向做事情三心二意，无论做什么事都不会坚持到底。就拿做作业来说吧！一做起作业来，他就摇头晃脑的，一会儿干点这，一会儿干点那。

一天放学后，刚进家门，诗博就大喊："太渴了，太热了！"随后，妈妈就把冰激凌递给了诗博，并告诉诗博吃完写作业，自己就买菜去了。可妈妈买菜回来，诗博还在搅拌盒子里最后一点点冰激凌。看见妈妈回来了，诗博赶快拿出作业开始写。在写作业的过程中，还没有半小时，他就去了两次厕所，到饮水机旁接了三次水，倒水经过鱼缸的时候还逗留一会儿。妈妈看在眼里，并没有说什么，她知道今天作业不多，所以诗博心不在焉，是故意在拖时间。

不一会儿，诗博又来到厨房，看见妈妈在摘青菜，就说："妈妈，我帮你摘吧。"

"嗯，好啊，来，你摘这些。"妈妈给诗博分了一半。

"啊，妈妈，你看你弄错了，你把烂菜叶放进盆里，把好的青菜扔进垃圾桶了。"诗博很快发现了妈妈的错误，很是沾沾自喜。

"哦，是啊，看妈妈太不专心了，差点浪费了青菜，还会煮烂菜叶给诗博吃了。"妈妈一边从盆里往外捡烂菜叶子，一边又说道："孩子，做任何事情都要专心。妈妈摘菜不专心会造成浪费，还耽误时间，那你做作业不专心，会怎么样呢？"

听了妈妈的话，诗博的脸刷地红了。"妈妈，我知道了，我现在就去写作业。"说完，诗博回到书桌旁，很快就完成了作业。

诗博的妈妈很巧妙地让孩子看到不专心做事情的后果，从而教导诗博懂得专心做事的重要性。所谓专心，就是集中注意力。对于孩子来说，这并不是一件容易做到的事，还需要做妈妈的对他有意识地培养。很多孩子不专心，是因为对活动或学习不感兴趣，经常做到一半就不知怎样进行下去，也不知如何向别人求助，因此产生挫折感而不愿继续做。在生活中，妈妈要善于发现孩子的缺点，并加以指正，这样日积月累，就会帮孩子改正缺点。

小蕊和小萱是非常要好的朋友，两家离的又特别的近。她们两个每天都形影不离。一天，小蕊去小萱家去玩，两个人在院子里做游戏。小蕊很有心，记性也特别好，她能认出小萱家

里每个人的东西，也很注意小萱妈妈的做事方式和方法，还能看出小萱家中周围环境的变化。但小萱就不同了，她不管到了哪儿，总是表现出一副视而不见的样子。

有一次，小蕊和小萱一起去公园玩。走到湖边，小蕊看见湖里有一群鸭子在游泳，小蕊目不转睛地看着，小萱只是在岸边溜溜达达，无所事事的样子。从公园回到家后，妈妈就问小蕊和小萱在公园里都看到什么了。小蕊惟妙惟肖地模仿小鸭子游泳的动作，还能绘声绘色地描述小鸭子是怎样游泳的；而问起小萱，她只会咯咯地乐，讲的是天上一句，地下一句，谁也听不明白。

"孩子，要学会用你的双眼去感受世界的美好，不能看过什么都不知道啊！要学会主动去观察事物……"小萱的妈妈语重心长地跟孩子讲了起来。妈妈的话让小萱全记在了心上。一天天过去了，一次老师布置的作文是观察砖头，妈妈看见小萱的作文中这样写道：

"一块砖头，长不过一尺，宽不过半尺，厚不过二寸，有棱有角。建筑工人用它建造豪华的酒家，它不会趾高气扬；用它修厕所卫生间，它不嫌臭；把它铺在马路上，让汽车在上面行驶，人们在上面践踏，它从不喊苦叫累……砖头是平凡的，更是伟大的。"

在妈妈的启发下，小萱不仅学会了观察，而且还善于思考，把砖头比喻成了人，以评价一个人的眼光来评价没有生命的砖头，从而悟出了平凡与伟大的道理。

可见，在生活中，父母应该鼓励孩子学习感受，学习主动观察事物，通过不断的观察去寻找答案，并抓住事物的本质；鼓励孩子在观察之后进行整理，把获得的想法做必要的分析和综合，从而得出经验或结论。我们周围的各种事物既有区别，又有联系，引导孩子在对比中观察事物，可以使观察活动更全面、更深入，有利于孩子积极主动获得知识经验，同时发展思维能力，并激发孩子深入观察的兴趣。

努力过，就不会后悔

　　小伍一直都很勤奋努力，但成绩总是不太理想。妈妈希望他能考到全班第 5 名，这也是小伍的一个奋斗目标。为了这个目标他给自己制订了一个学习方案。因为小伍的成绩不是很好，所以他要付出比别人更多的辛苦才能实现自己的目标。于是，小伍每天晚上除了完成老师布置的作业外，还要做 50 道题。这样一种题海战术制订是容易的，不过小伍每天都要在题海里奋战到三更半夜。可学习时间长了，身体自然是会受不了的。这不，小伍最近总是觉得心里发慌，手也抖得厉害，但是他还是坚持下来了。妈妈看在眼里，痛在心上。

　　考试的日子来到了，小伍满怀信心地走进了考场，想想自己为之付出的努力，坚信自己一定能达到目标。但是，在考最后一科时，考试刚进行一个小时，小伍便心慌得厉害，手心不断地冒汗，几乎握不住手中的笔。但是，小伍并没有放弃，他哆哆嗦嗦地拿着手中的笔答完了试卷。交卷铃声一响，小伍就觉得眼前一片漆黑，他终于坚持不住晕倒了。

　　经过了一段时间的调理，小伍的身体恢复了健康，但是，当他拿到成绩单时，他伤心地哭了，他没有实现自己的目标，他考了第 10 名。妈妈看见沮丧的儿子，走过来对他说："孩子，你很棒！不要伤心，你已经努力了，就不会后悔！"

　　如今学生的压力很大，面对着那些考不完的试，面对着那些年级排名，很多孩子都会和小伍一样没日没夜地复习功课，在题海中"奋战"。可是当孩子透支自己的体力去学习时，经常会出现的情况是，不仅没有

达到提高学习成绩的目的，反而会影响自己的健康。

　　作为母亲不要为孩子没有取得好名次而责怪他。要让孩子知道，目标只起到激励孩子学习的作用，没有取得好成绩并不重要，重要的是只要有进步就可以了。成绩并不能决定一切，只要自己努力就足够了。

　　　　奥林匹克数学竞赛成绩公布了，小雪垂头丧气地走回家。妈妈迎着小雪问："怎么样，成绩出来了吗？"小雪听了，眼泪便流了下来，妈妈明白了，看着大半天呆坐着落泪的小雪。母亲走到她身边拍了拍肩膀，对她说："谋事在人，成事在天，只要努力就不会后悔。"小雪泪眼蒙眬地看着母亲，考前母亲是多么希望她能拿到好成绩，自己刚刚还害怕被母亲打一顿，怎么会有这么一百八十度的转变。母亲用坚定的眼神专注地看着她，点了点头。接着，母亲给小雪讲，以前有位医生，有一次看到病人的手被机器割断，鲜血直流的时候，非常痛心，便开始思索有没有一种方法，让手重新接起来。他注意到有一种爬行小动物，当它的一只腿被人为折断后，没过几天又能长出新的腿。他坚信一定能从这种小动物中找到那种药物。可是直到他花掉所有的积蓄，甚至变卖唯一值钱的房子的时候，也未能从那种小动物中提取出可以用于人体肌肤骨骼结合的药物。正当他灰心失望的时候，有一次在一家医院与一个医生朋友聊天，正好此时进来一个手指头断了一截的屠夫，那医生朋友邀请他一起看。当把那屠夫包裹着的布条拆开后，发现那手指断面细胞并没有老化，也就是说没有腐蚀的趋势，可那屠夫手指是昨天断掉的，时间的间隔足以让手指断面的细胞老化。让他高兴的是他从那断指截面看到了那种他想从小动物身上提取的药物。他很兴奋地问病人，在来医院之前是怎么处理的。屠夫告诉他，手指被刀砍断后，从猪屁股里插了一下以便止血，然后再用小布条包扎。后来那医生从猪尾巴提取出那种他日思夜想的药物，并让屠夫找回来断掉的那根手指，从新接上，恢复后跟原先的手指一模一样。

　　小雪听后，仿佛从中悟到了什么，咬着嘴唇点了点头⋯⋯

努力过就不后悔。虽然自己费尽心思，也付出了很多，到最后依然没有达到自己的目标，这时，有人就会埋怨，有人就会退却。其实，这么做都没有必要，因为学到的知识依然在脑海中，人生的考试又不止一次。只要一心一意，全身心地投入去做一件事情，即使没有自己想要的结果，也不能后悔。

　　人生的每一次付出，不一定都能达到预期的目标，但没有努力就肯定没有收获，失败的经历是走向成功的基石，不要让自己停留在失败的阴影里，更不要轻易否定自己，享受努力的过程更是一件快乐的事情。

付出了，自然就会有回报

　　小军的妈妈一直有一个愿望，那就是让小军去学武术，这样不仅能够强身健体、不受人欺负，还能磨炼一个人的意志。

　　最初，小军觉得学武术很新鲜，也没有拒绝就答应了妈妈。后来在上三年级的时候，他被妈妈送到了市里的武术学校学习。可学武术毕竟是一件很苦的事情，每天除了练习基本功外，还要进行一定难度和强度的训练；另外，伙食也不是特别的好，每天都吃馒头。这对于从小就被娇生惯养的小军来说，每天都是在受煎熬，他每次给妈妈打电话都报委屈："妈妈，我真的受不了，太苦了，我的腿都要断了。"了解儿子的痛苦，妈妈实在不忍心，于是就抽时间去市里看儿子。到了学校后，妈妈看见，儿子满脸的愁容，走路一瘸一拐的，不停地向妈妈诉说着每一天所受的苦，还要求妈妈把他带回家。妈妈看着已变瘦的

儿子，心里非常心疼。可是妈妈说道："孩子，妈妈知道你受
了很多的苦，妈妈也很心疼你，可是做事情不能半途而废，你
再坚持一下，等过了这段时间就好多了，妈妈有时间就会常来
看你的，妈妈相信你一定能行的！等你以后学成了，所有人都
会羡慕你的，妈妈也会因你而自豪！"

妈妈在临走时，又对小军说道："付出了，自然就会有回
报。儿子，你要坚持呀！"

妈妈的话似乎对小军起了作用，从那以后，小军变得坚强
多了，他也明白了妈妈的心意，所以，最后坚强地渡过了三年
的艰苦岁月。三年后，小军从那个娇生惯养的"少爷"，变成一
个能吃苦，而且有责任心的大男孩，成熟了很多。

在我们身边，经常会有一些做事不能有始有终的孩子，他们往往心
理素质比较脆弱，意志力较差，遇到一些困难就想着逃避。面对着这些
自立自理能力很差的孩子，当他们因遇到困难而失望、难过时，妈妈们
不能立即用成人自身的经验帮助他们出谋划策，甚至越俎代庖。妈妈应
该抚慰他们烦躁的、失落的、消沉的情绪，调整他们的心态，然后与他
们促膝谈心，让孩子明白"付出了，自然就会有回报"！并帮助他们重新
认识困难，并鼓励他们坚强地走下去。那么坚忍的意志就会在几次的重
新开始中得到锻炼。

小光回家后显得很沮丧，看见妈妈满脸笑容的等着自己，
不情愿地从书包里掏出了考试成绩册。看完后依然是一脸笑容的
妈妈说："不错啊，依然保持了你第二名的位子。为什么不太高
兴呢？"小光耸起鼻子说："高兴不起来，妈，你知道这一次我
们班第一名是谁吗？"不等妈妈问，小光又说道："是小美！"儿
子的话让妈妈也有些惊讶了，小美和自己家是邻居，今年刚从外
地转学过来的，第一次考试时这孩子的成绩是最后一名。

"没有想到吧？我们都没有想到，同学们都说她是杀出来的
'黑马'"。小光盯着妈妈，一副报道绝对新闻的神情。

"老师对小美的成绩怎么说呢?"妈妈反问道。

"老师说这是小美一直以来努力的结果,让我们都向她学习啊。老师还说,付出了自然就会有回报。"

"对啊,我也觉得老师说的对,有付出才会有收获嘛!你不是知道小美经常在家学习吗?她在学习上遇到难题的时候还来问过你,对吗?那你对她得第一怎么认为呢?"妈妈的话让小光有点脸红红了。

"是,我也觉得小美很用功,而我……学习不踏实……"小光吞吞吐吐地说,显得很沮丧。

"好了,你能记住妈妈和老师的话就好,你一定会超过她的,对不对?"妈妈鼓励小光说。妈妈说完,母子俩同时伸手击掌欢呼:"加油!"。

在我们生活中,每一个家长都需要教育孩子明白"付出,是取得一切成果的最佳途径"。妈妈要让孩子在学习的阶段中明白:付出之后的收获是那样的珍贵,只要付出了,自然就会有回报。

别人能做好的,你也一定能行

一段时间,10岁的小猛总在家里说,我们班小强的英语真厉害,我比他差一大截。而且小猛表现出很焦急的样子。

此时,妈妈就和他讲"尺有所短,寸有所长"的道理。小猛的长处就在于除了英语比较弱以外,其他几门功课都比较优秀。妈妈对小猛说:"你的成绩也不错呀!只要你把英语好好的学习一下,我相信你是最棒的!"妈妈认为考试不是哪一门功课的单打独斗。小猛的短处是英语不太强。因此,妈妈要求他

既要学习别人的长处，但也不能老用别人的长处来比自己的短处。妈妈总在鼓励儿子相信自己的实力，坚持自己的学习计划，不要总给自己一种不利的暗示。小猛的妈妈常说的一句话是：既不夜郎自大，也不妄自菲薄。

于是，小猛为了提高自己的英语成绩，他坚持每天听《美国之音》等英语节目，每天早上起床朗读英语课文，有时候在街上遇到外国人，小猛还勇敢地走上前和他们用英语对话。后来，小猛变得只要拿起英语书，就精神百倍。英语成绩迅速提高了。

孩子有特长是一件好事，但是，面对孩子的缺腿科目，家长要积极鼓励他"取别人的长处，来补自己的不足"。既要帮孩子发挥优势，又要把孩子的弱项尽快地补过来。妈妈们可以采用如下做法：

一方面妈妈在帮助孩子从没有兴趣的科目中寻找兴趣，让孩子自己感觉到，它很有意思，鼓励孩子千万不能放弃任何一科。慢慢地孩子就会发现其中的乐趣，也会越学越好。另一方面，家长也要在孩子小的时候，着重培养孩子的全面发展意识。

家长要注意保护孩子的积极性，促使其进一步发展，取得更大的成就，而不是一味的打压、扼杀孩子的特长。家长应尽可能为孩子提供丰富多彩的环境，提供多种多样的活动和表现机会，让孩子的智力强项得到进一步的开发和发展。

金金兴高采烈地跑回家，一进门，就把一张奖状举到了奶奶眼前说："奶奶，你看！"奶奶定睛一看，也高兴坏了，说道："市三好学生！哈哈哈……"金金高兴得合不拢嘴。"太好了，考初中的时候可以加分呢。"姐姐在一边也很高兴，插嘴说。听姐姐这样一说，金金更高兴了。"咱们今天好好庆祝一下"奶奶提议说，金金和姐姐鼓起掌来。

这时，妈妈回来了，疑惑地看着她们，不明白怎么回事。姐姐突然从背后拿出奖状，对妈妈说："看，金金多了不起！"

　　然而，令他们吃惊和失望的是，妈妈只瞟了一眼，什么也没说，就转身到厨房里做饭了。"看一看嘛！市三好学生！"姐姐捧着奖状站在厨房门口对妈妈说。妈妈还是头也不抬，平静地问："市里一共有多少个同学得奖了啊？""一共十个"听到妈妈的话，金金回答说。这时候，妈妈又说："就是啊，不是一共十个嘛！三好学生就高兴成这样，怎么不和人家省三好学生比呢？真是山中无老虎，猴子称大王啊！"

　　金金的满心兴奋，被妈妈泼了一头冷水，那种高兴劲儿早飞到九霄云外去了。奶奶看金金不高兴了，于是说："妈妈看不上这个成绩，你说，该怎么办？""……没办法。"金金悻悻地说。"咦，有办法的，那就下次再取得更好的成绩给妈妈看。反正别人能做好的事情，你可以做得更好的。""嗯……好！"姐姐一席话，说到金金心里了。这时，妈妈也笑着走过来说："你姐姐明白了我的意思，其实妈妈心里也是高兴的，但是你要加油做得更好，不能骄傲。"

　　孩子做事时，往往都很容易满足。因此做父母的，在孩子觉得自己做得很好而有些自满的时候，要劝诫孩子一句："别人能做好的事情，你可以做得更好。"严格督促孩子虚心进步。金金的奶奶和妈妈一反一正的表现，既鼓励和孩子，又避免了助长孩子的骄傲心理。

跌倒了，需要自己爬起来

　　迪迪今年6岁了，在妈妈的教导下，一直是个爱劳动的好孩子。

　　一天吃饭的时候，妈妈吩咐迪迪去厨房拿碗筷。迪迪一手

拿一只碗，一边拿着碗一边美滋滋地跑着。后来，只听"啪"的一声，妈妈转身一看，迪迪拿着碗摔跟头了，幸好摔破的碗没有碰到迪迪。妈妈看着迪迪，并没有过去扶他，而是大声说了一句："迪迪，男子汉，站起来!"迪迪显然是摔疼了，不但没有从地上站起来，还哭了起来。于是，妈妈又对迪迪说了一声："迪迪，你是个勇敢的孩子，妈妈相信你一定会站起来!"得到妈妈的鼓励，迪迪真的站了起来。

妈妈走过去拉着迪迪的手进屋里，然后蹲下身子，注视着孩子的眼睛说："知道吗? 迪迪，以后再摔倒，要学会自己站起来，你看你刚才的样子，像咱们家的男子汉吗? 你在家里不是说过，长大了要保护妈妈吗，你刚才那样子怎么保护妈妈呀?"妈妈平时要教育孩子正确地对待失败，告诉孩子自己跌倒了，自己要学会爬起来。这种教育方式能锻炼孩子的坚强意志，增强孩子的信心，为他们今后走向社会，在激烈的竞争中取得成功打下基础。

一天，小强从幼儿园回来，非常沮丧地对妈妈说："妈妈，今天老师教我们叠纸，大家都会了，可是我没有学会，我是不是很笨啊?"

"老师教你们叠什么了?"妈妈问小强。

"就是叠纸飞机，还有轮船什么的。"小强说。

"哦，没关系，你第一次学不会还有第二次呢，慢慢就学会了。"妈妈说道。

"可是……可是做手工类的东西一直是我的弱项，我怕自己学不好。"小强低着头小声地说道。

"孩子，每个人都有自己的弱点，不过，你要学着克服自己的弱点，这样才是小小男子汉，你说对吗?"妈妈微笑着说。

"可是如果我一直学不会，会不会被老师和同学们笑话啊?"小强还是有些担心。

"不会的，只要你尽力去学，即使学不会，你也向自己的弱

点进行了挑战，只要努力过了，老师和同学们都会为你的勇敢
而感到自豪的。"妈妈轻轻地抚摸着小强的头说。

"好，那我明天一定要学会叠纸。妈妈我去看童话书了。"
小强大声地说。

妈妈看着小强跑进书房的背影，开心地笑了。

孩子身上所谓的优点和缺点是辩证的，表面是缺点，实质却包含着
优点的潜能；今日的缺点，也许就是明日的优点。

当正在成长中的孩子感觉到自己不如别的孩子做得好的时候，他们
会对自己的能力产生怀疑。他们往往会到父母那里寻求一个证实或者一
些安慰，这时候，父母应该宽容、鼓励孩子，让孩子始终对自己充满信
心，重新站起来。

你需要时刻约束自己的行为

晓晓以前是大家一致公认的好学生，更是邻居赞不绝口的
好孩子。可是从今年夏天他迷上了网络游戏以后，就彻底地变
了，学会了撒谎，学会了逃课。

一切只因那一场游戏。有一次他偶尔上了一个网站，那个
网站里都是一些有意思的小游戏，晓晓带着好奇欣喜打开了一
个，从此他便一发而不可收，只要一有时间就上网玩游戏，就
连睡觉都想着如何闯关等。

后来被妈妈发现了，妈妈苦口婆心地给他讲玩游戏的一些
不良例子，但是晓晓答应得好，私底下依旧玩着自己的游戏，
有的时候甚至都不能控制自己的行为。因为这样，他经常对妈
妈撒谎说学校要什么书费学费，然后拿着钱去网吧玩游戏，有

时在网吧一待就是一整天。

期末考试时，晓晓的成绩一落千丈，妈妈看了十分心痛，也很着急。于是，妈妈把晓晓叫了过来，心平气和地和他谈心，耐心做疏导教育工作。最后，妈妈决定让晓晓回老家去读书，并且暂时放弃自己的工作，陪他一起回去。

在妈妈的耐心教导下，晓晓觉悟了，他觉得让父母为了自己的一时迷失而放弃了那么多，心里很过意不去，于是暗暗告诫自己一定要约束自己的行为，一定要克制不良的习惯。

在孩子迷恋游戏时，作为妈妈的不能采取强制的行为，应该耐心地教导孩子正确对待学习、生活、休息与玩游戏，并引导孩子把主要精力放在学习上，在完成学习任务的基础上去玩游戏，注意安排好生活和休息时间，不要影响身体健康。晓晓的妈妈正是采用了这种方法，使得晓晓最后觉悟了，并下决心一定要约束自己的行为，这是一件好事，说明晓晓妈妈的付出是值得的。

由此可见，养成一种良好的生活习惯对一个人的发展有多么的重要。而良好的生活习惯是从小养成的，是一点一滴慢慢积累起来的。母亲要教育子女学会控制自己。

小米和兰兰是邻居，他们俩是好朋友。可是因为这一学期的班长竞选，两个孩子反目成仇了，原因是兰兰把自己的一票投给了小米，而小米把自己的一票投给了自己，最后，小米比兰兰多一票胜出。兰兰自从落选后，再也没有和小米一起去学校，一起学习。

一天，放学回家，兰兰妈妈很远看见兰兰搀扶着小米进了楼道，小米的腿好像受伤了。妈妈暗自高兴女儿的转变。回家后，妈妈却看见兰兰一脸的不高兴。妈妈再三询问后才知道，原来，在学校运动会上，小米在跑道上摔了一跤，擦破了腿。老师特意要兰兰搀扶小米回家的。妈妈说："很好啊，同学之间互相帮助是应该的，你们还是好朋友嘛。""谁和她是好朋友，自私的人！"兰兰很气愤的样子。妈妈又问："那明天早上，你还搀小米走吗？""当然不了，今天要不是老师……"兰兰看见妈妈的疑惑的眼光，没有说完话，就进了自己的屋子。

晚饭后，兰兰显然忘记了放学时候的事情，和妈妈兴奋的讨论电视情节。妈妈说道："兰兰，妈妈发现你处理问题比妈妈还要有见解呢。"兰兰感觉到妈妈在含沙射影的说些什么，兰兰愣了一下，妈妈接着说："聪明的孩子，其实你想一想，用宽容仁爱去化解一切矛盾，不是最好的办法吗？"兰兰知道妈妈在说要不要搀扶小米上学的事情，兰兰也知道小米为自己投票并没有错，但……"孩子，妈妈相信你会做好的。"妈妈笑着拍拍兰兰的肩膀，走进了书房。

第二天早上，妈妈在阳台上看见，兰兰去楼下等小米出来后，她们一起去学校了。

兰兰和小米两个好朋友产生了矛盾，在老师和妈妈的安排与教育下，两个孩子之间的矛盾得到了化解。平时，孩子之间发生矛盾，吵嘴、打架总是难免的，家长应做好调解工作，积极引导孩子处理好与同学的关系。

当孩子之间发生争执和"战争"时，家长要认真地教育自己的子女。在处理问题之前，应该问明情况，弄清是非，并告诉孩子哪里不对。如果是自己的孩子错了，一定要让孩子向对方道歉；如果是对方错了，则应要求自己的孩子谅解对方。

正确评价自己，学会反省

小宇是一个综合素质不错的孩子，但他总是把自己的各方面与班上最好的同学去比较。

  一次放学回来，妈妈看见小宇满脸愁容，便问道："小宇，怎么了？今天在学校里遇到了不开心的事情吗？"小宇没好气地回答道："我今天的体育测试又没有班里的小蔡好。"妈妈明白了儿子不开心的原因后，心里很高兴，觉得自己的儿子真的很有上进心。于是，笑着对小宇说："小宇，不要着急，一次的失利，不能代表你以后都不行，你要对自己充满信心，下次把你的能力全部发挥出来，我想你一定能行的。"小宇随便答应了一声，便走进屋了。

  终于，又到了下一次测试，这次，小宇把自己的能力全部发挥了出来，还是不及小蔡。他回到家后，把书包扔在了床上，没吭声就躲进了房间，连晚饭都没有吃，小宇的妈妈为此很是担心，怕自己的儿子出了问题……

  其实，孩子好争、好与别人攀比学习，这在很多人看来是孩子有上进心的表现，家长应该给予鼓励。但是如果你的孩子由于上进心的原因，对自己的追求变得越来越着急，总觉得自己学习能力不行、交往能力也不行、体育运动能力也不好……凡是能想到的项目，都觉得在周围能找到比自己强的同学，因此常抱怨："为什么我样样不行？自己太没有用了。"

  如果你的孩子长期处在对自己"不满意"的状态之中，就会造成孩子以后很难接纳现实中平凡的或者有缺点的自我，从而导致对自我的认识和适应更加困难。久而久之，会影响自己的情绪和自信。要帮助孩子走出这一误区，妈妈们要从家长自身做起，多发现孩子的优点，不要太注意孩子的一些小节，对于孩子的一些小小的过失，应忽略、包容，甚至欣然接受。提倡妈妈通过讲故事、看电影、讲家长自己的经历等，让孩子知道每个人都会有过错、有不足。同时妈妈在平时和孩子交流的时候，多倾听、多关爱，引导孩子表露自己的各类情绪，在家长坦然接纳的过程中，逐渐启发孩子也能平静地接纳自己各种情绪甚至是缺点。

　　小宝占有欲极强，每次到小区游乐园玩，他先拿到的玩具只要还没有玩够，谁都要不过去。不管他的妈妈怎么讲道理都没用。今天又轮到玩小推车，因为推车数量少只能几个孩子玩，以往几次都因为小宝跑得快，他都是第一批玩到的。今天，在玩之前妈妈有意跟他逗留了一会儿，使小宝没有第一批推到小车。小宝走过去看看，看见小车没了就对妈妈说："小车没有了。""那你等一会儿吧，等其他宝宝玩好了再玩。"妈妈答道。

　　"不要，我现在就要玩。""那你去找小朋友商量一下，看看他们肯不肯给你玩。"小宝问遍了所有推车的小朋友，他失望地走到妈妈跟前说："他们都不给我玩。"妈妈说："那你先去玩别的，等别人不玩了你再玩。"可小宝就是不愿意去玩别的，一脸的不高兴，站在妈妈身边，小嘴巴里还是不停地嘟囔着："我要玩推车，我要玩推车……"妈妈蹲下身子说："现在小朋友们不给你玩，你很不开心，对吗？"小宝点点头。"那想一想，如果你是他们，你会怎么做呢？"面对妈妈的问题小宝不说话了。"你以前每次有推车玩的时候，是怎么做的呢？是不是也没有让给别的朋友玩呢？"小宝点点头，然后说："那下次我有了好玩的玩具，就与朋友一起玩，到时候他们就会让给我推车玩了。"

大多数独生子女由于父母长辈的过分宠爱，处处以自我为中心。小宝努力保留自己的东西，同时又想拥有别人的东西，想把最好吃的、最好玩的抢到自己手中，"独占"欲极强。在短短的时间里，小宝体验到了羡慕时的迫不及待，被人拒绝后的失望与无奈。妈妈让他学习了站在别人的立场上进行思考，考虑别人的需要和感受，形成换位思考，有利于培养孩子与别人交流和合作的能力。

体谅长辈的艰辛

小勤在学校里是一名品学兼优的好学生，在家里是一个聪明懂事的好孩子，特别孝顺，懂得感恩。

小勤一直和妈妈一起生活，妈妈在一个小五金厂负责经销，由于工作繁忙，经常起早贪黑奔波忙碌。由于妈妈辛苦劳作，工厂给她的报酬也不少，所以小勤和妈妈的生活比较宽裕。

小勤聪明懂事，活泼可爱，是妈妈的心肝宝贝。可是天有不测风云，一次，小勤的妈妈外出归来时，遇上了车祸，腿被撞断了，经医生抢救总算保住了命，但双脚失去了知觉，不能走动，可能要终身残废。这真是飞来横祸。小勤的妈妈不能去工厂工作了，家也不成样子了，原本幸福快乐的母女俩立刻陷入了悲痛之中。母亲绝望了，小勤也被这突如其来的事给吓懵了，不知该怎么办？

起初悲痛压得小勤喘不过气来，但是她想：妈妈为了让我过上好日子，不怕苦不怕累，不知疲惫地工作，如今弄成了这个样子，我应该为妈妈做些什么呢？

从那以后，小勤一边继续努力学习，一边担负起料理妈妈的生活之事。小勤每天放学回家后买菜、做饭、收拾房间，为母亲擦洗身体。饭后就围在妈妈身边问长问短，端茶送水，跟她聊天，还把自己在课文中学到的故事讲给妈妈听，经常帮妈妈按摩双腿。不久，妈妈脸上露出了笑容，称赞女儿是个懂事、有孝心的孩子。在小勤的精心照料下，妈妈的腿慢慢地好转了起来。

面对这样有孝心的孩子，许多为人都会为之热泪盈眶。在现实生活中，相当数量的孩子，不懂得孝敬父母、孝敬长辈。在有些独生子女家庭里，谁孝敬谁甚至出现了颠倒的现象，难怪有人半认真半开玩笑地说："孝子，孝子，孝敬儿子。"

孝敬父母长辈是中华民族的传统美德，因此，妈妈在教育孩子时，一定不要忽略这方面的内容。据了解，许多家长对孩子孝敬长辈的要求是很低的。孩子上学离家时能说"爸爸妈妈，我走了，再见"；放学回家见到父母能说"爸爸妈妈好，我回来了"就相当满意。如果孩子在拿到好吃的东西时，举手让一让爷爷奶奶、爸爸妈妈，长辈们则觉得孩子非常乖。这是把孝心降低到一般文明礼貌来看待了。有孝心的人固然要讲文明礼貌，更重要的是要懂得真正关心父母长辈，在需要为父母长辈付出辛劳时自觉自愿，而且形成习惯。

培养孩子的孝心，必须从小抓起，妈妈应注意以下几点：

第一，妈妈要明理

妈妈要让孩子从小知道，没有孝心的孩子不是好孩子。还要让孩子知道怎样做才算是有孝心。让孩子知道妈妈十月怀胎的艰辛，知道父母的养育之恩。有孝心的孩子，懂礼貌，责己严，为父母分忧解难。

第二，妈妈要给孩子机会

妈妈要给孩子机会，这一点非常重要。真正的孝心要通过实践去培养。平时，孩子应分担家里的一些事情，让他负起责任来。父母遇有为难的事情，可以讲给孩子听，让他一起出主意想办法。长辈身体不舒服或生了病，可以告诉孩子应该做哪些事情，并付诸行动。久而久之，孝心会在孩子身上扎根。

第三，父母要做出好榜样

父母对祖辈的孝心如何，直接影响孩子，真假孝心是骗不了孩子的。因此，为人父母要对自己的孝心做一番反省，在自己身上求真，孝心的种子才会播撒到孩子心里去。

第四，父母要在关心孩子的过程中培养孩子的孝心

孝心是充满爱心的伦理行为，应该重视以情育情。当然，家长的关心、爱心要适度、适时。

做事就得一鼓作气，不能拖拉

小帆做什么事都很磨蹭。本来一件几分钟就能完成的事情，他得用几十分钟。

每天起床后，小帆先是不紧不慢地漱口，从杯子里喝一口水，用牙刷刷几下，然后站起来把水吐到马桶里；接着回到水管旁，再喝一口水，再刷牙，吐出来……

"六一"儿童节那一天，老师请小朋友们用两天的时间每人画一幅画，再准备一个自己喜欢的故事讲给大家听。回到家，小帆悠闲地看起了电视，把画画和给小朋友们讲故事的事抛到了脑后。

后来，小帆连按时完成作业都成了问题。为此，老师多次找到小帆的妈妈谈话。小帆的妈妈为了监督小帆做功课，只好每天搬张椅子坐在书桌旁，盯着小帆做作业，但还是不奏效。小帆的妈妈为了让他改掉拖拉的毛病，给自己布置了同样的作业。小帆的妈妈每天和小帆一起抄生字、做数学题，妈妈只要半小时，小帆却花了3小时。但是，每次妈妈拿小帆和自己比时，小帆总是说："你是大人，我是小孩，我当然没你做得快啦！"听了小帆的话后，妈妈真是没辙了。

小帆是一个做事拖拉的孩子，这种习惯由生活中的琐事延续到学习、作业和校园活动中，致使老师和妈妈都为他感到头痛。

因此，妈妈们对于孩子做事拖拉的习惯一定要及时指导。否则，孩子会因为不能按时完成任务，不断地受到老师、家长的批评和同学们的白眼，自信心逐步弱化，产生自卑，逐渐将内心世界封闭起来，形成了人际关系障碍。

　　小严和妈妈一起住。妈妈每天都要送小严去上学，但是妈妈总是要在出门前让小严等很久，妈妈洗脸、梳头、化妆就得用上一个小时。小严的妈妈经常一边看电视一边吃饭，看到精彩的地方嘴巴就不动了。小严原本没有上述习惯，可是因为受妈妈影响，每天早上起床总是磨蹭个没完，也养成了一边吃饭一边看动画片的习惯。

　　由此可见，孩子是父母的一面镜子，父母的一切行为都会被孩子毫无遗漏的拿来模仿。正是小严妈妈的不良习惯，导致小严养成了拖拉的习惯。最后，小严的妈妈在吩咐小严做什么事情的时候，小严总是借口推脱。

　　其实，孩子出生时，他们就像是一张白纸，那么，最早在白纸上画画的就是孩子的家长。孩子的拖拉行为可能与父母自身的行为有关。例如，有些父母平时喜欢边吃饭边看电视或报纸，或者因为疲倦而拖延该完成的工作，这些行为在潜移默化间影响着孩子，非常容易使孩子沾染注意力不集中、做事情拖拖拉拉等不良习惯。因此，父母们不妨先自我检查，为孩子做出榜样。

　　此外，如果父母并没有做事拖拉的习惯，孩子却是一个"拖拉大王"，那么，在生活中，妈妈们应该怎样帮助孩子改掉拖拉习惯呢？

　　以下几点供您参考：

　　(1) 每天孩子做作业时，妈妈应要求孩子提前完成，并注意巩固和持续。

　　(2) 妈妈应要求孩子做一项简单的体育活动，比如做俯卧撑、仰卧起坐、举哑铃，以做 10 个为起点，每天增加 1 个，坚持 1 个月，然后保持或适时增加。

　　(3) 妈妈要及时找出孩子不能顺利完成作业的原因，连续几天观察

孩子做作业的情形，找出困难所在。一般初入学的孩子因握笔能力不佳，笔画掌握不好而速度慢。

（4）妈妈要培养孩子先完成功课再玩的习惯。作业是每天的例行工作，妈妈向孩子说明作业与学习的关系，坚持做完作业才能玩的原则。

（5）妈妈应了解作业是否过多。低年级孩子注意力持续时间约为半小时，作业量过多会影响孩子的学习兴趣。妈妈要了解孩子的作业量和所需完成的时间，及时与老师沟通。

（6）妈妈要找出干扰专注的因素。桌面上的东西常是转移孩子注意力的主要因素，清除桌面及临近区域的杂物，可避免孩子边写边玩的情况。

此外，须重点提示的是，孩子在做作业时，父母不必过分干预或过度指导，这样只会造成孩子对父母的依赖，养成非要成人陪伴才肯做作业的习惯。父母除了给予孩子必要的辅导（教导、检查、提醒）外，还须让孩子明确做作业是人们必经的学习历程，让孩子逐渐适应每天做作业的制度。

言而有信，培养孩子信守诺言

期中考试前一个星期，妈妈对小波说要是小波各科成绩都考 90 分以上，就带他去动物园玩，小波高兴得蹦起来了，并下决心一定要努力学习。

自从妈妈许诺后，小波就变得非常积极。以前每天妈妈都要为她的家庭作业磨破嘴皮子。可现在，小波每天放学，一进家门就坐下来认认真真地做作业，背单词。小波一坐就是一两个小时，有时妈妈叫她吃饭她都说，"等我做完了，一会儿吃。"看着小波的表现妈妈非常的高兴。

　　在小波的努力和充分准备之下，考试时小波胸有成竹，自认为考得非常好。回到家后，把自己的感觉告诉了妈妈，妈妈说："好，只要你考到90分以上，我就会遵守我的承诺。"最后，小波的成绩单下来了，果然"功夫不负有心人"，小波的语文考了93分。数学考了98分。小波心里美滋滋地，心想："这次妈妈可以带我去动物园玩啦!"

　　于是，小波就去和妈妈说："妈妈我们去动物园玩吧?"。妈妈说："我手头有活，明天吧，啊，明天妈妈再陪你去。"小波虽然满肚子不高兴，也只好答应了。第二天一大早，小波就央求妈妈带他去动物园。妈妈又以昨晚的活没干完为由，结果又没有陪小波去动物园。小波气愤地说："妈妈净骗人。"说完便气冲冲地跑进了自己的房间……

这位妈妈答应了孩子的事情却没有做到。面对着孩子气愤的表情，妈妈不但失去了孩子对她的信任，也失去了教育孩子诚实做人的本钱。作为孩子的第一位老师，妈妈日常的每一个细节都在影响着孩子。所以，妈妈们平时准备答应孩子的事情，一定要想好了再说，不要轻易对孩子许诺，一旦许诺就要兑现。如果经常向孩子许诺，给孩子买什么、带孩子去哪游玩，结果因种种原因落空了，这样父母就会在孩子面前失去威信，久而久之，父母失信会让孩子因心愿没满足而失望。从更深层意义上说，父母失信会让孩子对大人失望。在孩子眼中，父母就是天，就是地，从心底里崇拜和依赖。特别是在10岁以前，父母的每一句话对孩子来说都如同圣旨一般。一旦孩子发现父母对自己的承诺只不过是一种哄骗，就会大为疑惑和失望：父母都可以说话不算数，这个世界上还能相信谁呢？这种恐慌感会给孩子带来巨大的心理危机，而且由此引发的孩子对父母权威性的挑战几乎是具有颠覆性的。

　　在放学回家的路上，珠珠向妈妈提出回家前玩一下滑梯，妈妈见天色已晚，而且幼儿园布置的作业还没做，钢琴也没练，就没同意。但妈妈又不忍心剥夺珠珠玩的自由，就说如果回家

后很快把作业做完、练好琴，就下去玩20分钟，珠珠很愉快地答应了。但珠珠回到家弹了20分钟琴，还剩一首曲子没弹，就到吃饭时间了。吃完饭休息了一会，珠珠把作业完成了，已是晚上九点钟了。妈妈赶紧叫珠珠把剩下的那首曲子练一练，这时珠珠就不干了，闹着要下去玩，妈妈好言好语解释了一番，列举了三个不能下去玩的理由：第一，琴还没练完；第二，时间太晚，下面已没有小朋友玩了；第三，要早点睡，明天一早起来还要练琴。珠珠完全不听妈妈的解释，一个劲说要下去玩。不知怎么，说着说着妈妈就火了，说话的声调也不由地高起来，心想我这是为你好，你还不听！就在妈妈准备动用鞭子的时候，听到珠珠带着哭腔的喊叫：妈妈说话不算数！说好带我下去玩的又不去。以后我再也不相信你了！

妈妈一味地训斥珠珠，却忘了对她的承诺。这一错误的管教方式只会让孩子不听大人的话。别小看了孩子，你可能只是随口做出的承诺，但她却会对大人答应的事情牢牢记住，直到实现为止。如果确实不能兑现，妈妈也要好好向孩子说明白，向他道歉，取得他的谅解，但这种情况也不能过多，否则孩子将不再信任家长。但是，妈妈们面对孩子那些过分的要求，一定要给孩子讲清楚，让他明白自己的要求无理，最终放弃自己的要求。总之，作为父母，要注意自己的一言一行，特别是对孩子的承诺一定要想办法兑现，否则宁愿不承诺。

勇于承担责任，不要找借口

有一天，12岁的少年小乔在院子里踢足球，不小心将球踢到了邻居家，把玻璃撞碎了。小乔很是难过，回到家把事情告诉了妈妈，想要妈妈去邻居家处理一下。于是，妈妈问道："玻璃是你踢碎的吗？"小乔说："是！"妈妈说："那你就赔吧，你踢碎的你就赔。没有钱，我借给你，一年后还。"

第二天一大早，小乔自己在出租车司机的帮助下，给邻居叔叔送来了一块玻璃。小乔彬彬有礼地说："叔叔，对不起。昨天我不留神打碎了您家的玻璃，因为商店已经关门了，所以没能及时赔偿。今天商店一开门，我就去买了这块玻璃，请您收下它，也希望您能够原谅我的过失。这种事情再也不会发生了，请您相信我。"

听了小乔的话，邻居家的叔叔理所当然地原谅了小乔，而且喜欢上了这个通情达理的孩子。

在接下来的一年里，这个孩子擦皮鞋、送报纸、打工挣钱，挣回了 12.5 美元还给母亲。这个孩子长大后很懂事，他说正是通过这样一件事让我懂得了什么是责任，那就是为自己的过失负责。

这则故事对中国传统的教育方式提出了质疑：很多孩子犯了错误后，都由父母（监护人）承担责任；父母甚至对孩子的过错庇护，找理由搪塞。这是一种极端错误的教育方法。

责任感是一个人对他所承担的任务的自觉态度，包括对自己的责任、对他人的责任、对集体的责任和对社会的责任。责任感是孩子能力发展的催化剂。对自己有责任感的孩子，自觉性强，让家长省心；对他人有责任感的孩子，亲善行为多，让家长宽心；对集体和社会有责任感的孩子，人小志气大，让家长放心。所以，对于目前还没有责任感的孩子，父母一定要在点滴的小事中，不断地培养他们的责任感意识，使他们以后成为有用的人才。

小素是学校的三好生，妈妈对她的教育从来没有放松过。

妈妈给他规定，每天自己洗袜子，扫地，洗碗。

可小素总是在妈妈不在家的时候，找各种借口让奶奶帮他做。

借口是孩子的一种自我保护，有些孩子经常使用借口来应付父母的

督促检查，这样不但会养成一种说谎的习惯，而且容易掩饰孩子潜在的缺点，更严重的是，借口常常是掩饰错误的苗头，最终会酿成不可收拾的后果。在教育子女的过程中，家长常常对孩子各种各样的借口感到头痛，希望得到消除孩子借口的方法。

借口常在孩子需要独立面对问题时出现。在孩子学习成绩下降、犯了错误或自尊心得不到满足时，他们就会用借口来取悦父母，避免可能遇到的批评、指责。例如，不喜欢上学的孩子会说，今天雨下得太大，路不好走或者自己身体不舒服等等。

消除孩子借口的最好方法是求证孩子借口的依据。若孩子用学校的事情作借口，家长就应主动和老师取得联系，了解老师要求孩子做些什么，怎样做，从而主动地配合学校做好工作。孩子的借口经常是既幼稚又有趣的，千万不要用指东说西的方法指责孩子，这样常常会发生误解，如果你没有驳斥孩子的正当理由，孩子是不会服气的。

另外，父母与子女之间的沟通也很重要，一些孩子有自己的看法，甚至对父母老师都有看法，他们找借口就是为了避免与长辈发生冲突，应当设法让他们把意见说出来，决不要让孩子用借口来掩饰自己心中的不满。

消除孩子的借口仅仅是教育孩子的开始，孩子的每一个借口都有着它的主观原因。认真分析这些原因，加以正确引导，让他们逐步取得成功，会使孩子产生充分的自信。

克服自卑，从娃娃抓起

伊伊六岁了，长得挺漂亮，但却很自卑。她的额头有个小疤痕，她常常用刘海盖住它，并仰起小脸问妈妈："妈妈，别人能看到吗?"

妈妈经常摸着她的额头安慰说:"没关系,宝贝,看不见,而且你很漂亮!"可她还是整天忧心忡忡,闷闷不乐,唯恐小朋友们不喜欢她。

有一次,幼儿园里搞活动,伊伊要表演一个节目,那个节目里有一些道白,伊伊积极性很高,台词头几天就背得滚瓜烂熟了。演节目那天,伊伊的妈妈和爸爸盛装出席,去给伊伊助威喝彩。

伊伊开始表演得挺顺利,妈妈在台下也流露出很自豪的表情。可伊伊演着演着却屡屡出差错,不是忘了词儿,就是做错了动作,老师在底下提示也不管用。妈妈急得开始冒汗,可伊伊又做了一个错误的动作,最后她竟站在台上哭了起来……

后来伊伊对妈妈说,她在台上一直想着别人会看见她的疤,刘海是不是把它挡好了,别的小朋友家长会不会对她议论纷纷……

面对伊伊如此在意她的那个疤,如此的自卑,妈妈很是困惑。

孩子的生性敏感,特别是在成长过程中往往会遭遇自卑。自卑是一种消极的心理,它宛如心灵上的一把锁,锁住了人的信心与勇敢,让人裹足不前,不敢面对挑战。源于儿童时期的自卑会对一个人的一生产生影响,阻碍开朗乐观性格的形成,进而发展成为一种性格缺陷。它会像魔鬼一样,紧紧跟随你,从而影响你生活的方方面面。

自卑的产生,主要有以下几方面的原因:

第一,父母能力特强,对孩子期望过高,往往会使孩子产生自卑

在这种家庭环境下,孩子总认为"爸爸妈妈什么都行,我什么都比不上他们,怎么努力都没用"。能力特强的家长,一般对孩子的要求也很高,追求十全十美,而孩子不可能每一件事都做得十全十美,于是就会受到家长过多的指责,使孩子对自己的能力产生怀疑,逐渐失去自信,

产生自卑。

第二，家庭不完整，容易使孩子产生自卑

生活在破裂家庭中的孩子，得不到父母足够的爱，觉得自己是被社会抛弃的孩子。当看到别的小朋友能跟爸爸妈妈在一起时，就更加伤心，感到很自卑。

第三，父母粗暴、专横的教育方式

由于家长不能以理服人，常常对子女采取简单粗暴的棍棒教育，严重地伤害了孩子的自尊心，往往使孩子产生自卑心理。

第四，父母自身有自卑情绪，容易使孩子产生自卑

自卑是后天形成的一种情绪，如果父母遇事总说"我不行"，孩子不但会模仿父母的这种处世态度，还会认为"父母都不行，我就更不行了"。因此，父母的这种倾向潜移默化地影响了孩子。

> 艳艳今年读五年级，她长着一对会说话的大眼睛，头发黄黄的，稍稍有些卷曲，非常腼腆，性格内向，成绩上游，上课从不主动举手发言，老师提问时总是低头回答，声音很小，而且脸涨得通红。下课除了上厕所外，总是静静地坐在自己的座位上发呆，老师叫她去和同学玩，她会冲你勉强笑一下，仍坐着不动。平时总是把自己关在房里，不和同学玩。遇到节假日，父母想带她一起出去玩、到朋友家做客，她都不去，甚至她连外婆家也不去。

发生在艳艳身上的现象，在许多孩子身上可能都有所体现，究其原因都是自卑的"产物"。但是，孩子的这种现象有些父母常常注意不到，即使有的父母看到了也会觉得这是孩子的性格使然，而不加以重视。这都是错误的。如果孩子的自卑心理得不到关注和及时纠正，会导致孩子的心理障碍，影响孩子的健康成长。

以下几种方法可供父母们参考：

（1）父母要引导和教育孩子对自己进行积极、正确、客观的评价，并且认识到任何人都有自己的长处，也都会有短处或不足。要相信并发

扬自己的长处，弥补自己的短处。

(2) 要教育孩子正确对待他人对自己的评价和期望。告诉孩子，有时社会评价一个人不一定是正确的，但需要个人正确地对待。比如，牛顿、爱迪生和爱因斯坦小时候都曾被人们称为"笨"孩子，可是他们后来都成为伟大的科学家。

(3) 要帮助孩子认识到自己在学习过程中的一些成功经验，因为成功的经验越多，孩子的自信心也就越强。孩子对自己的能力往往认识不足，有时可能会做一些力所不能及的事情而导致失败，由此产生自卑心理。父母要引导孩子量力而行，同时对孩子的要求也应符合其身心发展特点。

(4) 既要锻炼孩子坚强的意志，使失败和挫折变为激励自己前进的动力，又要注意培养孩子的自信心和自尊心。要培养孩子具备积极向上的心理品质。

孩子，一定要坚强

小侗 12 岁那年，因病需要动手术，因为他年纪小，医师怕他感到恐惧，无法承受手术所带来的剧痛，于是假装安慰他说手术很简单，并不痛。而小侗的妈妈却认为小侗已 12 岁了，应该懂事了，所以坦白地对儿子说："孩子，你将经历一次非常痛苦的手术，在手术后的几天里这种痛苦会一直持续，也没有人可以替代你，你要有心理准备，坚强地应对。作为一个男子汉在痛苦的时候请不要哭泣或叫苦，否则对你的身体毫无好处，甚至会让你更加痛苦。你是否还愿意接受这个手术并获得康复？"小侗听了母亲的话，点了点头。这次手术，他既没有哭喊

也没有叫苦，坚强地忍受了这一切。

正是这个手术锻炼了小侗的意志，使小侗明白，对于任何痛苦，勇敢坚持是唯一的办法，哭泣和抱怨并不能让痛苦减轻。在这样的信念支撑下，他变得日益坚强起来，最终站胜了病魔。

许多父母都觉得孩子的所有缺点都是可以原谅的，于是过分顺从孩子的意愿，对孩子的缺点过分迁就，替孩子包办其力所能及的事情等。其实这种过于保护孩子的方式只能让孩子在心理上产生依赖思想，行为上产生软弱性。

孩子的成长阶段是无法独立处世的时期，做父母的应给予保护和关怀，但绝不能溺爱和纵容，不能使他们产生依赖的心理。对父母过于依赖的孩子培养不出坚强的品质，当他们日后步入社会独立生活时，没有坚强的意志，暂时的困难与挫折就能把他们击倒。所以家长应意识到，坚强的意志对孩子的成长非常重要，要在慈爱中赋予孩子坚强的品质。小侗的妈妈在这一点上做得很好，若是没有当初妈妈对其坚强性格的培养，也不会培养出小侗坚强的意志。

每一位做妈妈的，都应该让孩子从小就懂得，他们和妈妈一样，是作为一个独立的人而存在的，应该从小培养解决问题的能力，而不是处处依赖别人。

敏敏是幼儿园里性格脆弱的孩子。一次班上评选小红花，只有 5 个孩子能评上，敏敏落选了，全班 25 个没被评上的小孩只有敏敏一个人哭了；早上玩玩具，敏敏想去拿小熊，却被皓皓先拿走了，老师马上给她拿了个小兔子，但敏敏又哭了；午餐有敏敏喜欢的鱼丸，这时调皮的鹏鹏抢了她一个鱼丸，她不敢抢回来又哭了；六一儿童节幼儿园搞游园活动，敏敏捞金鱼怎么也捞不上来，一急还是哭了……

通过这些小事，老师觉得敏敏的性格有些软弱，别的小孩都不放在心上的事情，敏敏却特别在乎。

后来，老师找到了敏敏的妈妈，在谈话中，敏敏的妈妈说道："敏敏在家里全家人都宠着她，每次她遇到什么事情，只要一哭，准会有人帮她完成，有些不如她意的事情也哭，让爸爸妈妈来帮忙解决。直到现在她还不会自己穿衣服、不肯一个人睡觉、不敢和别的小朋友打闹。"

听了敏敏妈妈的陈述，老师建议敏敏的妈妈不要太顺着孩子，因为习惯了事事有父母帮助解决，孩子就会变得软弱，在遇到挫折的时候就不懂得如何去应对了，这对孩子的成长没有好处。

在听从了老师的建议后，敏敏的妈妈开始有意识地训练敏敏：早上起来，妈妈要敏敏自己穿衣服，敏敏老穿不上，急得哇哇大哭，但是妈妈这一次没帮她，而是在旁边指挥："把头伸进去，把那个袖子拿起了，好的，对，就是这个袖子，把你的右手伸进去，把那个袖子也拿起，把左手伸进去。"敏敏费尽周折穿好衣服依然哭，怪妈妈今天为什么不帮自己。

敏敏渐渐地发现自己的哭不再有任何用处了，爸爸妈妈都变了，甚至她摔倒了哭得地动山摇爸爸也只是要她自己站起来。敏敏也不再把哭当作求助的手段了，爸爸妈妈也时常给她一些鼓励："乖孩子，你可以的，真棒，你做得很好！"

当幼儿园再次举行游园活动的时候，敏敏看上了跳高击鼓游戏的奖品——一个小小的机器猫玩具，那个鼓挂得很高，敏敏几次尝试击鼓都失败了，但是这次敏敏没有哭，她一次次跳起来，终于敲响了鼓面，高兴地领回了属于自己的奖品。

亲爱的家长，当您看了上述两个例子后，有何感想？现今的家庭由于独生子女的大量存在，家长大都溺爱自己的孩子，只重视观察力、想象力、创造力、记忆力等显性能力的培养，却忽视了意志力、自信心等潜在能力的培养，而这些恰是提高显性能力的必要保证。家长只有有意识地为孩子创造一些失败的机会，磨炼孩子的意志力，才能让孩子在提高学习能力的过程中有所悟、有所得。

孩子，不要嫉妒别的小朋友

6岁的冰冰是一个非常可爱的孩子。一个周末，冰冰妈妈的同事带着自己两岁的儿子到冰冰家玩，妈妈很热情地接待了她们，并开心地逗同事的儿子玩耍。刚开始，冰冰也挤过去亲了亲小弟弟，但没过多久，她就有些不高兴了，因为妈妈抱着小弟弟，一点也没有放下的意思，还又亲又笑的，她觉得自己受到了冷落。

于是，冰冰开始大声唱歌，可没人注意她；冰冰又跳起了自己最擅长的舞蹈，可还是没有人理她。终于，冰冰忍不住了，她忽然间摔坏了自己的杯子，然后坐在地板上放声大哭，把妈妈的同事和妈妈弄得非常尴尬。

一般来说，爱嫉妒的孩子情绪变化快，一会儿幸灾乐祸、得意忘形；一会儿又咬牙切齿地打人、骂人或搞恶作剧；一会儿又自怨自艾，意气消沉。孩子的嫉妒心理，虽然不像成人那样表露得充分，但是，孩子如果长期心存嫉妒情绪，一方面这种情绪会演变为人格的一部分；另一方面孩子嫉妒心过强，也容易受外界的刺激，产生诸多不良情绪，不仅影响进步，而且对身心健康极为不利。同时，嫉妒对个人、集体和社会均起着耗损作用，是一种对团结、友爱非常不利的情感。这种缺点如果保留到长大以后，那么孩子就很难协调与他人的关系，很难在生活中心情舒畅。建立良好的家庭环境，家庭成员间团结友爱、互相尊重、谦逊容让，这是预防和纠正孩子嫉妒心理的重要基础。因此，父母不能对孩子的嫉妒心理采取听之任之、放任不管的态度。尤其是嫉妒心强的孩子，父母采用正确的疏导方法是十分必要的。

小牧刚上幼儿园，每天放学后妈妈都去接他。今天，妈妈刚到幼儿园门口就见小牧一副垂头丧气的样子。妈妈和他说话她也爱答不理。妈妈一路上问话他都不吭声。

回到家以后,小牧对着妈妈说:"妈妈,我以后再也不去幼儿园了,我的手工做得好,老师却把涛涛的手工放在柜子里展览,他做的一点也不好。"妈妈听了很是吃惊,每次当老师表扬其他小朋友时,小牧总会闷闷不乐,而且经常故意攻击受表扬的小朋友。为什么会出现这种现象呢?

造成小牧上述心理的根源是嫉妒心在作怪。嫉妒心理在孩子中是普遍存在的。特别是独生子女,他们容易形成以自我为中心的心理,认为所有的人都应该向着自己,好东西都应该是自己的。再加上心理调节能力差、社会经验不足,以及羡慕别人、渴望受到师长重视等原因,就导致孩子嫉妒心理的形成。

孩子的嫉妒行为在大人眼里可能很孩子气,认为无关紧要,但是如果放任自流,任其发展下去,长大后就会形成性格缺陷,变得心胸狭窄,而且对别人的成绩十分仇视,最终结果是被周围人挤出局外。

作为家长要积极引导孩子战胜嫉妒心理。首先,要肯定他争强好胜的心理,并鼓励他在行动上超过别人。其次,要让孩子接受别人的成绩,并进一步鼓励他去向小朋友学习。对自卑感强的孩子要有意识地让他明白成功的快乐是多方面的,他的每一点进步都是成功。

快过年了,小惠的妈妈给自己的两个女儿各准备了一个小礼包。当妈妈把两个礼包送给她们的时候,小惠看了看手上的橙色包装纸,又看了看妹妹手中的红色包装纸,突然大哭起来,还狠狠地把手上的礼包摔到了地上,说妈妈偏心,给她们的礼物不一样,给妹妹的好,妈妈喜欢妹妹。直到妈妈把两包礼物当场拆开后,小惠才破涕为笑。原来这一橙一红的两包礼物,是一模一样的两个不倒翁。

妈妈看到这一幕,心里不禁有点担忧:才 3 岁多的孩子,哪来这么强的妒意?

通常，嫉妒情绪强烈的小孩，好胜心也强，愿意为某一方面超出同龄人而付出双倍的努力。所以，嫉妒也是一个向上的心理，不能完全否定。父母要做的，只是解决因此而产生的虚荣、攀比、说谎、任性等负面因素，而不是把嫉妒背后的进取动力也一笔抹杀。

孩子嫉妒心理产生后，往往容易把怨气指向别人，或设法攻击对方，或千方百计地把"跑"在前面的人拉下来，使之与自己"同步"或落在自己的后面。同时，过分的嫉妒也会使孩子的性格逐渐变得古怪起来。因此，妈妈要给孩子创造一个民主、平和的家庭环境，不要过分溺爱孩子、事事以孩子为中心，养成孩子唯我独尊的心理，认为自己一切都该比别人强，稍有不如别人的，心理就不能承受，嫉妒心就冒出来了。孩子在嫉妒比自己强的小朋友时，妈妈要指导孩子进行自我分析，帮助孩子找出自身弱点和"赶过"别的小朋友的优势和途径，避免自私、攻击、执拗等不良心理的侵扰。

5

第五章

好妈妈教孩子轻松学习

鼓励孩子多多提问

　　可新学习很用功，也挺懂事，但就是有一个毛病，不爱问。对自己不懂的问题，哪怕是很重要的问题，也从不问别人，无论是老师还是同学，甚至包括家里人。

　　晚上，可新做数学课外习题，又是因为里面"追击问题"弄不懂，以至于下面的应用题都无法解答了。坐在一旁的妈妈忍不住问儿子："我们昨晚不是说好了，今天去问老师吗？你没有问老师，还是问过没有听懂？"可新低声说："我没有问。"好一会儿，妈妈都没有说话，于是可新又说道："妈妈，你给我讲吧。"看着孩子已经两天都没有完成的作业，可新的妈妈坚决地摇摇头，然后微笑着摸摸可新的头说："儿子，这样吧，我们打电话给老师吧，请老师在电话中给你讲，但是你一定要说出你的疑问，这样老师才能帮助你，好不好？"可新抬头看看妈妈，撅起嘴。妈妈继续鼓励儿子说："你不用怕，老师一定会很高兴地为你解答的。你知道吗，聪明的孩子才敢于提问，当你踊跃提问后，你会学到很多很多的知识，智慧的人都是从提问开始的，我们试一试吧！"在妈妈的陪伴下，可新和老师在电话中弄懂了问题的关键处，很快就做出了这些数学题。

　　第二天，可新觉得数学老师不但没有以前那么可怕，反而很和蔼。于是，一次又一次的尝试，可新尝到了在提问中解除疑惑的甜头。从此，可新的成绩一天比一天好，性格也活泼了许多。可新不爱提问，源于性格内向等多种原因。妈妈的鼓励和老师的帮助，让可新恢复了孩子爱问的天性。每个孩子头脑中都有数不尽的问题，

他们就是在对这些问题的探索中，逐渐认识周围世界的。也就是说，知识越多，问题越多，提问的能力也越强。但随着年龄的增长，许多孩子的问题却好像反而越来越少了。造成这种现象的一个重要原因，就是家长和老师对孩子提问的冷漠、呵斥、嘲笑。一些孩子对提问感到难为情，渐渐地不敢问、不想问，最后发展到不会问。

教育孩子要有正确的方法，要鼓励孩子敢于提问，敢于发表与别人不同的见解。只要有这种信心和勇气，孩子的创新意识就能树立起来，创新能力就会得到提高。

当然，这就需要家长营造宽松的家庭氛围，设法经常锻炼孩子的胆量，教给孩子一些提问的技巧，使孩子会问、善问。这样，孩子在查找资料，向别人请教的过程中，学到的不仅仅是知识，同时还培养了对读书的好奇心，发现问题的恒心和解决问题的自信心。伟大的科学家爱因斯坦，一个突出的特点是爱提问，用他自己的话说，"我没有什么特别的才能，不过喜欢寻根刨底地追究问题罢了"。

爱因斯坦遇事总爱提问、思考、研究，常常从一点小事中受到启发。有一次，他要把墙上的一幅旧画换下来，就搬来一架梯子，一步一步爬上去。突然，他又想起一个问题，沉思起来，便忘记自己做什么了，于是猛地从梯子上摔下来。摔到地上以后，他顾不得疼痛，马上想到：人为什么会笔直地掉下来呢？看来物体总是沿着引力最小的线路运动的。爱因斯坦想到这里马上站立起来，一瘸一拐地走到桌边，提笔把自己的这个想法记了下来。这对他正在研究的问题——相对论有很大的启发。

1888 年，爱因斯坦从慕尼黑国民学校进入路易波尔德中学学习，一直读到 15 岁。其间，来自俄国的大学生塔尔梅，成为爱因斯坦家里的常客。一开始，塔尔梅总是和爱因斯坦谈论数学问题，越谈就越引起爱因斯坦的浓厚兴趣。对学校枯燥教学方式厌倦的爱因斯坦干脆自学起微积分，他提出的问题常弄得中学数学老师张口结舌，不知如何回答。

爱因斯坦认为，提出一个问题往往比解决一个问题更重要，因为解决问题也许仅仅是一个教学上或实验上的技能而已。而提出新的问题、新的可能性，从新的角度去看旧的问题，需要有创造性的想象力，而且标志着科学的真正进步。同时，他还说："想象力比知识更重要，因为知识是有限的，而想象力概括着世界上的一切，推动着进步，并且是知识进化的源泉。"

"学起于思，思源于疑"。任何思都是从疑开始的，疑问是获得知识的前提条件，有了疑问才有进一步深入学习的需要，也才可能获得新知。否定疑问，将泯灭创新，使社会停滞不前。面对大千世界，不知提出疑问的人绝不可能成为一个富于创新精神的人才。

学习的兴趣需要刺激

沿沿在幼儿园上课，现在除了语文和数学外，又增加了一门画画课。妈妈一直想把沿沿培养成一个具备各种特长的"全才"，所以，她很在意沿沿的画。但是，沿沿最近几次拿回家的画画成绩都不及格。

妈妈心想："这该怎么办呢？自己也是从小就对画画不感兴趣，怎么教孩子啊？"

偶然的一天，妈妈在报纸上看到一个"画画速成班"正在招收学员，学费又不是很高。这个消息让沿沿的妈妈喜出望外。为了自己的儿子，她抽出了一些做家务的时间，参加了这个速成班。

果然，功夫不负有心人，沿沿的妈妈很快就掌握了画画的一些理论知识和技巧。她所学的这些知识，用来教自己的儿子还是绰绰有余的。

由于沿沿对画画缺乏兴趣，妈妈就想办法来激发他的兴趣。最初，妈妈想让孩子画一个"大象"，就耐心地和他一起讨论大象的特征，并辅以图片或书籍，加深孩子的印象；有时还会带着沿沿到动物园观看，这样就加强了沿沿对画作内容的表现欲望及构成概念。随后，在妈妈的鼓励下，沿沿以基本形状——圆形、正方形、三角形，分别做头部、身躯、四肢的描绘。妈妈耐心地引导着沿沿说："想一想，大象的头和长长的鼻子像什么形状？圆形还是长方形？""很好！身体又是什么形状呢？""长方形。"终于，在妈妈的引导下，沿沿把大象画完了。

沿沿画完后非常兴奋地问妈妈："妈妈，您看看好不好？"

看着儿子的画，妈妈高兴地说："嗯，不错嘛，尤其是这个鼻子画得很逼真，身子、脚、头也很像。"

在妈妈的鼓励下，沿沿脸上露出了灿烂的笑容。

以后的日子里，沿沿总会向妈妈询问："妈妈，我们今天画什么呀？"沿沿在妈妈的精心引导下，画了花朵、绕毛线、太阳、棒棒糖等，妈妈在不断鼓励让他自己动手去画的基础上，又适当地给予其帮助。现在沿沿渐渐喜欢上了画画，不再害怕画画了，并萌发了对画画的兴趣。

每个妈妈都不希望自己的宝宝是幼儿园里唯一不会画画的小朋友。为了避免这种窘境的出现，妈妈应该从平时的日常生活着手，教宝宝学会细心观察，培养宝宝画画的兴趣。宝宝一般从两岁以后，就开始在报上、墙壁上、地板上……总之是一切可能画的地方涂鸦了。在宝宝头脑中，画的愿望相当强烈，到三四岁，绘画就成了他们表达内心情感的最直接的方法之一。

琪琪的妈妈最大的爱好，就是看书看报，每天都对卖报纸的"穷追不舍"，一旦买到了报纸或是新书，有时间就想盯着一口气看完，没有时间就抽时间看。她要是看起书来，雷打不动。如果哪一天报纸没来，她会埋怨半天。

一天，妈妈正在洗衣服，听说报纸来了，顾不上擦手就接过来看了起来，直到看完后才继续洗自己的衣服。由于整日看报纸，琪琪妈妈的视力变得不如从前了。但是，看着妈妈的那股迷恋书报的劲头，琪琪真不忍心说她。后来，琪琪为了妈妈的视力，竟然答应妈妈，由她来给妈妈讲每天报纸上的新闻。妈妈听了非常高兴。最初琪琪是迫于任务而不得不看，后来，妈妈迷恋书报的那种劲头，竟然在琪琪的身上重演了。

从此琪琪爱上了看书报，她从书中不但得到了丰富的知识，还使她的业余生活充实了很多。

苏霍姆林斯基指出："家庭的气氛对孩子的发展具有重大的意义。孩子的一般发展、记忆，在很大程度上取决于家庭的兴趣如何，成年人在谈些什么、想些什么、干些什么，以及他们对儿童留下了哪些影响。"孩子是母亲的影子，父母的行为会直接影响孩子的行为。琪琪的母亲对看书、看报有着浓厚兴趣，使得自己的女儿最后也产生了同样的兴趣。因此，妈妈应处处为孩子作表率，养成有利于孩子成长的兴趣爱好，加强自身修养，做一个有理想、有追求、善于思考、有恒心、有自信的人，因为这些都是影响孩子成长的重要因素。要摒弃一切不良的嗜好，千万不要把业余时间都打发到牌桌上和没完没了的电视或应酬上，有时间要多陪陪孩子。

为孩子的创造力插上翅膀

岚岚很想制作一副自己的眼镜。这天，妈妈帮他准备了很多材料，还在桌子上为她摆了一个大太阳镜供她模仿。折、画、装饰，每一个步骤，岚岚都完成得很好。只是在剪工上出了一

些问题，光滑的眼镜边被她剪得参差不齐，妈妈指着他的作品嘲笑起来，岚岚显得很不开心。

妈妈正想过去帮她，只见岚岚歪着脑袋思考了一下，随即将眼镜拿起，非常投入地将眼镜边剪成了锯齿状，原本规规矩矩的作品让她搞得面目全非。

一会儿工夫，岚岚美滋滋地走过来对妈妈说："妈妈，你快看，我做了一副太阳眼镜。"妈妈仔细一看，她做的眼镜果然很像太阳，红红的装饰色，锯齿状的光芒，整个作品独具特色，颇有些出乎妈妈的意料。妈妈拍着岚岚的小脑袋说："岚岚真聪明，你做了一副最好、最棒的小眼镜。"

第二天，岚岚把她的"眼镜"带到了幼儿园。老师评价说，在孩子们参照模型板制作眼镜的过程中，岚岚是唯一一个打破常规模式，大胆想象，制作出与众不同的眼镜的小朋友。

为此，老师在评价游戏中重点表扬了岚岚，并将她的作品摆放在班里的作业展板上。第二天，第三天，很多小朋友开始关注这件独特的作品，而且制作出了更多样式的眼镜，蝴蝶的、云朵的、彩虹的……制作活动一下丰富了起来。从那儿以后，岚岚一下子迷上了美工活动，她的动手能力明显得到了提高。

很多妈妈都知道，创造力对于孩子的成长来说是至关重要的，但妈妈们却常常为自己发现不了孩子的创造力而担忧。实际上，孩子的创造力往往出于妈妈的意料之外，尤其是在他们轻松愉快的游戏活动中。孩子的想象总是比成人新奇、随意，能够打破常规。当妈妈们对孩子们的成果做出及时而肯定的评价时，他们的创造性就会被最大限度地调动起来，积极思考，大胆想象，创造出成人难以想象的事物。

像岚岚制作的眼镜，用我们正向的思维来看，实在是没法看，可是，岚岚大胆地打破了按模型制作眼镜的常规，从而制作出了一件我们大人难以想象出的独特作品"太阳眼镜"。

所以，在一些问题上，做妈妈的头脑里要少些条条框框，不要总是说"看你做的像什么呀?""哪有你这么做的?""你看清老师是怎么做的吗?""我看你这是瞎做!"之类责备的话。仔细想一想,孩子的"错误"再大,又能"错"到哪里去呢?并且,许多意想不到的创造就常常发生在"错误"之中。

一天,多多妈妈在她的作业本中发现了一道题目,题目是"雪融化后会变成什么?"妈妈认为这是一个很简单的题目,照我们通常的思维,雪化了就是水啊。可是多多的回答居然是"春天"!

妈妈看到了这个答案很是生气,这孩子天天胡思乱想什么呢!说得这是什么东西啊!于是勒令孩子改掉答案。多多据理争辩:"明明就是啊,每当雪一融化,春天不就来了吗?那你说春天是怎么变出来的?"

妈妈无言以对,但还是让孩子改掉答案,并训斥了孩子一通。

孩子天生就是个创造者,因为他们生来活泼好动,不被各种各样的规矩所控制。他们敢于打破常规,不按照成人的模式去思考问题,所以他们常常会创造出与众不同的事物来。可是,随着孩子年龄的增长,他们的创造天赋在一天天减少,这里面的原因主要在于,很多孩子的创造力被循规蹈矩的父母们在不知不觉中扼杀掉了。正如上文,在今天看来,"雪化了变成了春天"这是多妙的想法啊!这正是孩子富有丰富想象力的表现,可是孩子的想象来不及发芽就被妈妈扼杀了!对一些父母而言,"听话"才是父母们希望孩子们做到的,"听话"才是孩子们应该最先学会的本领。对此,我们不能不说这是父母在教育孩子过程中的一大悲哀。

因此,为培养孩子的创造才能,父母需要为孩子建立一个"心理安全"和"心理自由"的活动空间。在孩子进行"创造性"的活动时,父母千万不要因为孩子的行为、结果过于离奇、幼稚而嘲笑、阻止他们,否则,则会打击孩子探知事物的积极性,挫伤孩子的兴趣和爱好。当孩子需要父母的帮助时,我们要适时给予鼓励和指导,引导他们在自主自乐的活动中完成属于自己的想象或创造。

希望每一位妈妈都能让孩子自由地做游戏，无边际地发挥想象，妈妈们所需要做的就是保护他的安全，让孩子在做游戏中熟悉他所在的世界的环境，让他们自己去接触事物，观察世界，获得感性知识，激发他们的创造力。

提前预习会让学习更省力

小昭是一个聪明好学的好孩子，开学一学期后学习成绩很突出。可是新学期以后，第一次考试，他的各科成绩都不是很理想，几次都保持在了中等水平。对此，小昭很是苦恼，逐渐开始怀疑自己的能力。看着整天愁眉不展的儿子，妈妈也高兴不起来。于是，妈妈来到了学校，与小昭的老师进行了长谈，最后找到了小昭现在成绩不好的根源。主要是小昭的学习方法不对头，因而导致了"事倍功半"的结果。因为，小昭升到四年级后，科目比以前增多了，同时难度也增大了，但是，小昭现在还是按着二三年级时的学习方法学习，所以，成绩才很平常，没有以前那么突出了。

在妈妈的帮助下，小昭改掉了自己经常不预习的习惯。后来，他不断摸索，终于找到了适合自己的学习方法，也重视了课前预习。

经过一段时间的预习后，小昭的学习成绩有了很大的进步。他感慨道："对于课前预习，我以前总是有些不屑，可几堂课下来，我明显地发现不预习就上课，常常会遇到某个问题理解不了，只好加以思考，等回过神来，中间已有两三个要点没有听到，于是一堂课的知识点听得断断续续。等到下课后需花上几倍的时间进行整理、消化，但是常常收效甚微。

后来，我养成了提前预习的习惯，我每堂课前花上半个小时的时间把第二天要上的内容仔细地看一遍，做到心里有数。在预习时，我还自己动手写一些简要的预习笔记。在此过程中遇到不懂的地方，我会翻一些参考资料来看。如果实在不能理解，我也不强求，而是记在预习笔记上，上课时听老师的分析。经过这样的预习工作，带着问题来听课，有准备，有侧重，收效大大提高了。"

在学习新课之前，孩子如果已经有所预习，就对老师所讲的内容有了一个大概的认识。那么在老师的讲课过程中，会有所侧重地听讲，而且思维会一直跟随老师，注意力会很集中，这样的听课效果就很好。这就是我们常说的"不打无准备之仗"。有了准备就能更好地学好老师在课堂上讲的知识。

每一个做妈妈的也都做过学生，想必对上述方法也有很深的体会。如果孩子在课前做了认真预习，他就会发现疑点，并对自己的质疑提出相应的问题，孩子提前已经做好了听课的一些准备，这样他在上课的时的注意力特别集中。因为他是带着问题来上课的，他是来向老师提问的，并且是有意地要听老师对于这个问题是怎么讲的。而且孩子还都有天真的表现欲心理，如果今天在课堂上能提出一个问题，而且提出一个高水平的问题，会感到特别自豪。要知道，这样的学习状态是非常适合于学习的。

所以说，妈妈一定要特别注意培养孩子养成认真预习的习惯。但在现实中，许多父母并没有对这个习惯加以重视，也就忽略了培养孩子的预习习惯。一般说来，许多父母认为，每天督促孩子完成作业都是一件十分头痛的事情，何谈预习呢？没有时间与精力呀！

其实，让孩子养成预习的习惯并不难。我们的教育建议是：

父母要认识到预习习惯养成的重要性。不仅自己要清楚预习是学好知识不可忽视的一个环节，还要让孩子也知道，做好预习，是他能上课

认真听讲以及真正掌握好新学知识的有力保证。认识清楚了，才能使父母在家教实践中坚持指导并督促孩子做好预习。如果父母不能坚持下来，孩子也难以养成这个习惯。任何一个好习惯都贵在坚持。

教给孩子一些预习的方法。在学习新课之前，家长首先让孩子把新的课文提前读一读；其次让孩子学会对新的知识提问题，要有"疑问"。对于高年级的孩子，可以让他学习分析所学知识的重点是什么，做到心里有数。必要的时候甚至可以做一个预习的笔记，提示自己。

课前预习一般有四步：把课文（新知识）看一遍、发现问题、考虑课文（新知识）的重点、做好预习笔记。凡是这样做的学生，上课的时候注意力一定集中，因为他是带着问题来的，他的收获一定比别人大，这就是成功学习的奥妙之一。

温故而知新，捡了芝麻不能丢西瓜

一天，妈妈郑重地对小何说："儿子，交给你一个光荣而艰巨的任务：从今以后你每天晚上给我上课，内容涉及你学过的所有知识。"妈妈接着说："孔子云：'三人行必有我师焉。'你备备课，今天晚上就开始讲。"小何有些不明白了，心想：妈妈这是怎么了，为什么会突然间决定让我给她讲课呢？但是，小何一向是个听话的孩子，只好听从了妈妈的安排，准备给妈妈讲课。于是，小何认认真真地看书，以做好给妈妈讲课的准备工作。

晚上，小何找来黑板，拿出粉笔，开始给妈妈讲课了。开始，小何望着坐得端端正正的妈妈，他的心里十分不安，两腿不停地打战，因为这毕竟是他第一次给别人讲课呀！小何后来想一想，当老师也没什么难的，只要把自己的"学生"教好，就是一名成功的老师。于是，她拿着课本熟练地讲起来。一节课下来，小何自认为讲得十分精彩。没想到，妈妈这个"学生"要求得非常严格，给小何挑出了很多的毛病，什么普通话不标准啦，解题思路不明确啦，英语口语不标准啦等等。最后小何表示对妈妈的话虚心接受，并将努力改正。

在以后的一段时间里，小何用这种给妈妈讲课的方式，每天将自己在学校里学到的一些东西，回到家里又重新温习了一遍。半个月下来，小何所学的知识得到了巩固，以致最后的这次期末考试成绩有了很大的进步，尤其是考试题目中涉及每晚给妈妈所讲的知识点，他一分都没有丢掉。

后来，小何明白了妈妈的良苦用心，并且从那以后，养成了坚持复习的好习惯。

孔子说："温故而知新"。一个善于复习的人往往能够学到其他人无法学到的知识。复习是学习的重要环节。

以下是定期复习需要注意的问题：

第一，及时复习

当天学的知识，要当天复习，决不能拖拉。做到不欠"帐"。否则，内容生疏了，知识结构散了，就要花费加倍时间重新学习。

第二，要紧紧围绕概念、公式、法则、定理、定律复习

思考它们是怎么形成与推导出来的？能应用到哪些方面？它们需要什么条件？有无其他说法或证明方法？它与哪些知识有联系？通过追根溯源，牢固掌握知识。

第三，要反复复习

学完一课复习一次，学完一章（或一个单元）复习一次，学习一阶段系统总结一遍，期末再重点复习一次。通过这种步步为营的复习，形成的知识联系就不会消退。

第四，复习要有自己的思路

通过一课、一节、一章的复习，把自己的想法、思路写成小结、列

出图表或者用提纲摘要的方法，把前后知识贯穿起来，形成一个完整的知识网。

第五，复习中遇到问题，不要急于看书或问人，要先想后看（问）

这一点对于集中注意力、强化记忆、提高学习效率很有好处。每次复习时，要先把上次的内容回忆一下。这样做不仅保持了学习的连贯性，而且对记忆有很好的效果。

第六，复习中要适当看些题、做些题

选题要围绕复习的中心来选。在解题前，要先回忆一下过去做过的有关习题的解题思路，在这基础上再做题。做题的目的是检查自己的复习效果，加深对知识的理解，培养解决问题的能力。做综合题能加深知识的完整化和系统化的理解，培养综合运用知识的能力。

王蒙是一个从外地转学过来的五年级的学生。刚进入一个新的学校，同学们对他的印象并不深刻，只知道王蒙是一个爱玩、爱开玩笑、爱睡觉的人。每天晚上，当其他同学都在埋头做题、学习的时候，王蒙总是一个人回宿舍钻到蚊帐里睡觉。一个学期下来，同学们发现王蒙每科考试成绩都名列前茅。许多同学都觉得很奇怪，其中有一个同学忍不住就去老师那里寻求答案，但是老师也没办法回答这个问题，就找到了王蒙。王蒙知道同学们的疑惑后，对同学们说："我钻进蚊帐不是在睡觉，而是在思考，在回想当天学习过的内容。"

原来，王蒙有一个自觉复习的习惯。他在睡觉之前，总是要总结一下自己当天的学习情况。比如，今天新课主要讲了什么？哪些已经弄懂了，哪些还没有弄懂？没有弄懂的明天继续学习。王蒙把当天学过的内容进行归纳和总结，找出知识之间的联系，并用一条主线把它们联系起来，这样，他就能够在想到某一点的时候，把所有当天学习的内容全部回想起来。除此之外，他还把当天学习的内容与以前学过的知识联系起来，找出内在的联系，也串起来。这样，通过一番回想，王蒙把当天所学的知识基本上都消化了。

王蒙是一个很聪明的学生，他非常清楚复习对学生意味着什么。据了解，他从上学开始，他的妈妈就一直要求他先复习当天学过的内容，再做功课，然后预习第二天要学的课程。就是在王蒙妈妈的指导下，王蒙养成了温故知新的好习惯，因为他深知温故知新对一个学生的重要性。

由此可见，复习是相当重要的，妈妈们应根据遗忘的"先快后慢"的规律，让孩子及时复习，使所学知识得到有效的巩固。例如，每天放学后，就应该让孩子复习当天所学的内容；每个周末可以让孩子进行小结性复习；一个单元学习完了，就进行单元复习。这样经常性地复习可以让孩子及时巩固所学知识，避免临考前的突击等等。

和孩子一起写读书笔记

小斌和妈妈要出门旅游，车已经在家门口等很久了，小斌却往家里跑。妈妈问他干什么去。小斌说："我要带上我的笔记本！"

妈妈很生气地说："不要带了，快点来不及啦！"

但是，小斌像没有听见妈妈的话一样，飞一样地跑进了房间，带上了自己的笔记本。

小斌有一个习惯，就是善于动笔。读书要动笔。如果是自己的书，他会在书的边沿批阅文字，所谓不动笔墨不读书；如果是借阅的书，他会在自己的笔记本上批阅或者摘抄。如果出门浏览，他兜里总要装个小本本或者卡片，把看到的新奇的风物、景致、感想，都用三言两语一一记录下来。

即使看电视、读报，小斌也不会忘记把一些新奇的词句、

事情摘录下来。学校里开运动会，小斌是宣传员，他兜里揣着一个小本本，空闲时间，他把一些精彩的瞬间和观众各种各样的反应，都"摄"进了他的笔记本。

旅游这么难得的一次机会，小斌当然不能错过了。在这次旅游中，小斌收获了很多，他把和妈妈一起去过的每一个地方都详细地记录了下来。

旅游回来后，在一次小学生作文比赛上，这样一个题目《我的一天之旅》让小斌感触颇多。于是，他便把和妈妈一起出去旅游的每一个地方都淋漓尽致地写了出来。最后，小斌的这个作文荣获了全国小学生优秀作文一等奖。

赛后，小斌的妈妈得知小斌获奖十分高兴，她为自己的儿子而自豪。为了支持小斌把自己写读书笔记的习惯坚持下去，小斌的妈妈也学起了儿子，不论是看书还是看报，都把一些精典的名句和自己的感受写在一本特制的小本子上。

如今，小斌的读书笔记已经积攒了五本了，卡片也积攒了不少，全部密密麻麻地写满了字。作文课上，小斌的文章往往最丰富；班会上发言，小斌的话最有说服力；出墙报，小斌是最好的编辑。

有些父母不理解："读书就是用眼睛看的，为什么还要记笔记呀？"事实上，记读书笔记对于阅读有很大的帮助。

第一，丰富知识，活跃思想

广泛的阅读，可以扩大眼界，丰富知识。摘记的东西涵盖古今中外，文学、历史、地理、时事、政治、科学、技术都可以涉及。随着视野的扩大，思想上也必然受到启发、教育，在看到的基础上又可以写，评古论今，发表己见，这样可以活跃思想。

第二，积累资料，有利写作

写文章，没有切实的材料或资料，文章写出来就会空洞无物，特别是写议论文，没有事例和必要的论据，道理也讲不清楚。如果有了平时的积累,写文章就可以达到信手拈来的境界了。写作素材的积累可以充实文章的内容,语言的积累可以使文章生动、活泼,增加感染力,可见读书笔记对写作的提高是有着直接影响的。

读书笔记是一种手脑并用、阅读与写作相结合的综合训练。阅读是汲取的过程,写读书笔记是分析、整理、积累的过程。在这两个过程中,手和脑在进行系统的活动,最终的结果必是写作能力的提高。我们伟大领袖毛泽东不但是一位伟大的军事家、政治家,也是一位文人墨客,他的诗词文章气势磅礴、引经据典,令人叹服。这些文学成就和毛泽东少年时期博览群书,并且做注批、摘录、心得有着不可分割的内在联系。

因此,父母要教孩子边读书边记笔记。读时,可以用线段或者符号把自己特别感兴趣的词句标注出来;也可以教孩子有选择地摘抄自己感兴趣的名言警句、成语典故、段落和语句;还可以摘录书本的梗概提纲、简短书评乃至心得体会,甚至在书本的空白处加上自己的批注,如,"精彩的描述!""这句话非常出色!""这个词语用得很好!""这里比较让人费解。"这样可以加强孩子读书时的思考深度。

同时,要教孩子整理自己的笔记,并把作者的姓名、书名或篇名、出版的时间地点记清楚,以便日后查找。正如叶圣陶先生所说:"想到了什么,不妨随时提笔把它记下来,这就是读书笔记。想的时候往往比较杂乱,比较浮泛;写下来就非有条理不可了,非切切实实不可了,所以读书笔记是督促自己认真阅读的一个好办法。"

培养孩子自主学习的习惯

小伟的父母都是下岗工人,但他们为了孩子的成长,省吃俭用为孩子购买科普及学习方面的书籍,对孩子的学习环境进

行了精心设计。

　　妈妈在小伟的床边放置了一张小桌子，在桌子的左上角安装了一盏灯。每天晚上，全家人吃过晚饭，就会各自干自己的事情：爸爸静静坐在沙发上读报；妈妈安静地做家务；小伟会自动走到他自己的书桌前，坐在椅子上做功课。

　　适当的时机，妈妈会走到小伟面前，对他说："我知道你一定会把功课做好的。你真乖，不用妈妈担心。"在妈妈默默的鼓励和支持下，小伟养成了自主学习的习惯。

　　有的时候，一家三口会聚在一起探讨小伟作业中的疑难问题，一起交流读书的心得体会，一起分享学习上成功的快乐。小伟的妈妈最大的特点就是喜欢听儿子讲科学幻想故事，而且像小学生一样听得津津有味。妈妈越是这样，小伟就越是讲得绘声绘色。所以，在这个家庭中，小伟是学习的小主人，父母成了孩子学习中的伙伴，生活中的知心朋友，成长中的精神支柱。他们时常为儿子的好学引以为荣，对儿子取得的成绩感到欣慰。

　　小伟在妈妈的精心培养下，不仅养成了自主学习的好习惯，而且还享受了学习中所带来的乐趣。如果您的孩子还没有自主学习的习惯，我想，你应该开始反思一下自己对孩子的教育方法。你平时可能舍得花时间和孩子一起学习，一起看书讲故事，可是却唯独缺少了对孩子自主学习能力的培养。孩子的可塑性是很大的，他们一旦离开了父母的督促就会变成脱缰的野马，只会任性而为。孩子是否具有良好的自主学习能力不仅对孩子的终身学习有益，而且还可以减轻家长的负担。因此，培养孩子的自主学习能力是一件非常重要的事。

　　在我们每天的生活中，经常都有这种可以让孩子主动学习的机会，关键在于我们家长是否善于把握。比如，当孩子在学习和生活中遇到问题时，你是直接告诉他答案，还是采取积极的态度去鼓励他独立思考，寻找解决问题的办法？

　　例如，有一天，你买回一个菠萝，可是，孩子从没有见过这个东西，被吸引住了。于是，他便好奇地问道："妈妈这是什么东西呀？"以下家长有两种方式来回答这个好奇的孩子，那么你选择哪一种呢？

　　第一种方式是：你将告诉孩子："这是菠萝，是可以吃的，它的外面是很硬、很尖的刺，你不要去摸它！它很重，你提不动它，但是它是圆的，你可以滚动它。你闻一闻，它是不是很香啊？现在我们把它拿到厨房去切开它，切好后用盐水泡一泡，它吃起来就又香又甜了。"

　　另一种方式是：你告诉孩子"这是菠萝"，然后就把菠萝放在孩子面前的地板上，自己先去忙乎把买回来的其他东西处理好。好奇的孩子一定会对这个菠萝"采取行动"，比如，他可能伸手摸了一下菠萝，赶紧又把手缩了回来，并且对着妈妈喊："妈妈，这个菠萝很刺手，我被它刺了一下。"你回应说："是的，孩子，菠萝会刺手，不要紧的。"于是孩子又尝试抓起菠萝的叶子，把它拎了起来，可是菠萝很重，孩子很快就把它放下了，并说："妈妈，这个菠萝很重，我拎不动它。""是的，菠萝很重。"你回答说。孩子可能又尝试着滚动菠萝，结果真的把它滚动了，他高兴极了，说道："妈妈，我把菠萝滚动了。"你也很高兴，说道："你真能干！"孩子问道："妈妈，我闻到一股香香的气味，菠萝是不是可以吃的？"你回答："对，孩子。菠萝是一种水果，是可以吃的。"孩子又问道："怎样吃呀？"你回答："把皮削掉，切成一片一片，用盐水泡一泡，就可以吃了。"孩子说："让我试一试……真好吃！"

　　选择第一种方式：这是一种直接回答法。孩子很快就了解到，菠萝是多刺的，是很重的，是可以滚动的，是很香的，是要泡了盐水才可以吃的。但这是妈妈告诉他的，不是孩子自己发现的。将来妈妈又带回来一件新奇的东西，孩子可能会像这次那样等着妈妈告诉他关于这个东西的知识。

　　选择第二种方式：这是一种非直接地回答法。妈妈会在孩子的提问下，逐一回答孩子的问题。相比之下，这不像第一种方式那样来的快捷，需花费更多的时间。但这一切都是孩子通过自己的尝试发现的。孩子不

仅懂得了菠萝的特性，他还知道了认识菠萝的方法，可以摸一摸，可以拎一拎，滚一滚，闻一闻，切开它，尝一尝。下一次妈妈可能带回一些其他不同的东西，孩子就有可能用他知道的方法来探索它，认识它。

在第二种方式的这个过程中，孩子学会了认识事物的方法。随着不同事物的出现，孩子积累的方法就会越来越多，更重要的是，他体会到了主动学习，主动探索的乐趣和成功感。久而久之，孩子就能形成主动学习的习惯，自然，孩子自主学习的能力也就越来越高。

所以，做父母的要多鼓励孩子主动探索，不要有太多不必要的"不准"；在孩子专心做一件事情的时候，不要干扰他，尽可能不要催促他，更不要跟在孩子身边不断提醒他不可以这样、不可以那样；在孩子解决问题遇到困难时，不要急于帮助他，可以多给他提些建议；不要急于把结果告诉孩子，要给孩子充分的时间，让他自己去发现。

孩子读什么书需要你来把关

明明是个聪明的男孩，读小学三年级时已经能看厚厚的大部头著作了，并且爱不释手。这本来是件好事，可明明的妈妈却不这样认为，她说："我的这个孩子什么都好，就是太爱看'课外书'。"原来，她是反对儿子看课外书的，认为多看"课外书"会影响学习，多次劝说、干涉甚至动粗都收效甚微，最后，明明的妈妈想出了一个自以为一定有效的办法。

一天放假，明明的妈妈从新华书店买了一大包"书"回来，作为送给儿子的礼物。明明听说妈妈给自己买了很多书，高兴得直跳，以为妈妈"解除"了对他看课外书的禁令，但打开后一看，明明的嘴巴立刻撅得老高，忙着对妈妈说："那叫什么书？都是习题集之类的辅导材料，后面还附有作业题，都要做的！"妈妈说道："你不是喜欢看书吗？我就给你这么多'书'看，这样，看你还能再去看其他的'课外书'？"

世界很大，学校很小，教科书的世界更小，学生将来要面对的是广阔的世界。学生阶段孩子开始独立地阅读思考，拓宽自己的视野，养成良好的阅读习惯，将对未来的工作生活产生积极影响。同时，阅读课外书是培养孩子阅读能力的重要途径。

但如今，很多父母只让孩子读教科书而不让孩子读课外读物，有的家长为了不让孩子读"课外书"，甚至采用打骂手段。他们认为，孩子把大量的时间用在读"课外书"上，就会影响功课，影响学习成绩。

其实，"课外书"是"教科书"必不可少的补充和拓宽。当然，学校教育是人们获得知识的主要渠道，但主要渠道并不是唯一渠道，它不可能面面俱到。因为教科书的内容不可能也无法无所不包，这就得靠其他渠道来补充，课外读物就是它最好的帮手。一个人如果光读"教科书"不读"课外书"，他的知识面肯定非常狭窄，就像只吃一种他爱吃的菜而不吃其他的菜一样，营养不全面，必然会造成营养不良。

王俊对课外读物情有独钟，但是，妈妈一直反对他读课外读物。所以王俊每次都向同学借书看。

有一次，王俊向同学借了一本小说，说好三天后归还，但过了三天后，他还没有看完，于是就和同学商量，要求再续借几天，同学答应了。为了尽早把书看完，王俊不得不把书带回家里看。

那天放学回家后，王俊一头钻进他的房间，关上门，埋头读那本长篇小说。刚巧王俊的妈妈要他帮忙做件事，连叫几遍他都没听到。等王俊的妈妈推开房门见到儿子又在看"课外书"，而且看得那么入神，火气一下子就上来了，一怒之下就把那本小说给撕了……

不可否认，一些阻挠孩子看课外书的妈妈的初衷也是为了孩子好，

她们担心孩子多读课外书会"野"了心思，冲击孩子读"教科书"，从而影响学习，这是许多父母不让孩子读"课外书"的主要原因。

但是，十二三岁的孩子，正值智慧突破的时期，他们对知识有强烈的好奇心与需求感。如果父母从中阻挠、限制，不但不会提升他对课业的学习意愿，反而可能中断了孩子的学习机会。课外书是丰富孩子心灵世界、培养孩子兴趣的最佳途径，不看课外书的孩子的眼界注定是狭窄的。因此，父母不应该阻止孩子读课外书。不过，对于中小学生来说，由于他们尚未成熟，缺乏分辨能力，尚未形成成熟的读书观。这就要求父母在尊重孩子的基础上，对孩子看课外书进行引导。

第一，妈妈要根据孩子的特点帮助孩子选择课外书

最好的办法就是，妈妈和孩子一起讨论、选择书籍，选择一些既适合孩子，又能激发起孩子读书兴趣的书。比如，可以让孩子多看一些介绍优秀人物的书籍，树立学习的榜样，孩子可以在阅读中受到成功励志的熏陶。

第二，尊重孩子对课外书的兴趣

虽说妈妈要尊重孩子的兴趣，但也不能完全按照孩子的性子来。因为孩子的判断力和自我约束力毕竟还不成熟。一般来讲，中小学生会从天性出发选择自己想看的书，父母应尊重孩子的选择。只要不是暴力、淫秽、恐怖的书籍，孩子都可以看。

第三，给孩子规定看课外书的时间

妈妈可以和孩子一起制订读书计划和时间表，在孩子很好地完成学习任务后，允许和鼓励孩子根据自己的意愿读些课外书。比如，和孩子约定，放学回家后的这段休息时间可以看课外书，但是到了做功课的时间就不能再看了；或是视孩子当日作业量的多少弹性地增减孩子阅读课外读物的时间。只要孩子能将时间调配得当，阅读课外读物不但不会妨碍孩子的功课，反而会拓展孩子的知识领域。

孩子对课外书是有兴趣的，只要父母引导得法，孩子的这种兴趣就能持久而稳定，最后养成习惯，使孩子终身受益。

认真对待孩子的提问

楚楚的妈妈这几天总是忧心忡忡的，一件烦心事惹得她几天几夜睡不好觉。原来，妈妈在楚楚小时候随口说过的一句玩笑话，一直伤害着楚楚。如今，女儿长大了，在最近和母亲的一次争吵中，说出了这件事……

楚楚小的时候简直就是"十万个为什么"，特别喜欢问问题。有时候，问得妈妈心烦，妈妈就会胡乱说一些话敷衍她。有一天，楚楚问妈妈："妈妈，我是从哪里来的呀？"妈妈正在忙着干活，就随便回答道："你是我从垃圾堆里捡来的。"

时间过是很快，转眼间楚楚都上小学三年级了。最近楚楚因为考试成绩不太理想，妈妈批评了她几句，楚楚就和妈妈顶起嘴来。妈妈在气头上就给了她一个耳光。谁知，楚楚竟然对妈妈大叫着说："你打死我吧！反正我也不是你亲生的，我是你从垃圾堆里捡来的……"

楚楚的妈妈这才恍然大悟，想不到自己过去的一句小小的玩笑居然会在女儿幼小的心灵上留下这么大的伤疤，此时妈妈后悔莫及了。

现实生活中，很多孩子会疑惑地问妈妈："我是从哪里来的？"而妈妈们的回答大多都是搪塞的语言，什么"你是我从垃圾堆里捡来的""你是我从路边抱回来的"。妈妈们却没有想到，自己不经意间的一句搪塞，将给没有准确判断能力的孩子带来多大的恐惧感，她们害怕自己不是妈妈亲生的，早晚有一天会被遗弃。

妈妈们应该明白，孩子询问"我是从哪里来的"，以及其他一些问

题，都是很正常的，说明孩子的观察力和思维能力已经到了一定的程度。但是，很多家长都羞于向孩子讲性知识。其实，父母最好告诉孩子事实，因为这比先编一个虚构的故事然后再去改变要容易得多。回答这个问题的时候需要用孩子使用的简单语言。一次给这么小的孩子讲很多东西他就会糊涂，而每次用简单的语言解释一点问题，孩子就会理解得比较透彻。例如，你可以说"宝宝长在妈妈身体里一个特殊的地方，这个地方叫做子宫"。

小时候的郭沫若问伯母道："为什么我们的门前会有一口井？"

伯母回答说："不知道，你问我，我问谁？"

那不耐烦，忽视孩子自尊心的腔调，犹如当头泼了孩子一盆冷水，使郭沫若一直记忆犹新，也成为郭沫若为人父、为人师之后教育孩子的一大教训。

孩子对这个世界充满了好奇，他们的脑袋里好像装着十万个为什么。在他们的心中，又认为可以从父母哪里知道他们想要的答案，因此常常向父母提出各种各样的问题。在回答孩子所提出的问题时，妈妈必须注意以下几点：

第一，要耐心地回答孩子的问题

妈妈耐心地回答孩子提出的问题，不仅传达了问题的答案，同时也表达出父母对孩子提出问题的重视与关爱，这样做会保护孩子的好奇心，增强孩子以后不断提出新问题的勇气与信心。认真地对待孩子的提问包括：认真倾听、认真回答，并将说话的语速控制在孩子的听力发展水平上，不能太快，保证孩子能听清。同时要注意用词规范，语音要正确，语句要完整，从而可以在回答孩子的问题时促进孩子语言的发展。

第二，要用一种诚实的态度来回答

如果孩子提出的问题是自己不知道的，要诚实地告诉孩子，并且最好能与孩子一起查资料来解决。千万不能欺骗孩子或者告诉孩子错误的答案，因为用这种方式来对待孩子，那么有一天当孩子发现时，就会降低对父母的信任感，同时也有可能使孩子养成做事不严肃、不认真的态度。

第三，最好引导孩子自己寻找答案

当孩子向你提出问题时，你不妨反问一下孩子，也许孩子有自己的想法，向你提问只是想验证自己的答案。通过反问可以了解孩子的内心，给孩子更适合的回答。也可以为孩子提供一些解决问题的方案，提供解决问题的材料，可以带孩子到书店或者图书馆中，教他们自己来寻找答案。父母要做孩子的引导者而不是代替者，所以最佳的方式是让孩子自己的问题自己先来想办法解决。

做出一道难题就夸他

小戴是个很懂事的孩子，可是学习成绩一直不好。一天妈妈回家后，发现小戴一声不吭地坐在客厅发愣，妈妈叫了她两声她都没有听见，妈妈走过去看见女儿满眼泪花。

"小戴，怎么了？"小戴看见妈妈后泪水哗哗地流了下来。

"孩子，告诉妈妈发生什么事情了，你知道妈妈很担心你的。"

"妈妈，我好没用，今天，数学老师临时测验了我们，我有一道题没有做出来……"小戴断断续续地说道。

妈妈让小戴把卷子拿了过来，妈妈一看，果然最后一道题没有做，并且这道题根本就不难。

妈妈看着小戴微笑着说："没有关系的，你已经很不错了，你看上面一道题比下面的这道难多了，你都做得很正确啊。"

小戴听了妈妈的话，伤心地说："老师说这份卷子很简单，考完后同学们也说简单，大家都做出来了。"说着，小戴有些哽咽了。

妈妈听完小戴的话，就对她说先不要想这次考试了，不如

帮妈妈择菜。择完了菜，小戴的情绪好了很多，于是，很快就做完了今天的数学作业。

吃过晚饭，妈妈陪小戴聊天的时候，假装无意间看到女儿的数学作业，就说："让妈妈看一看好吗？"小戴点点头。

妈妈看见小戴的作业十分整齐，但有好几处错误。妈妈看完后对旁边等待她评论的女儿说："嗯，这道题做得太好了！""妈妈，真的吗？"小戴有些不相信地问，"当然了。"妈妈肯定地回答。接着，妈妈夸奖小戴其中的一道题做得很好，然后才给小戴指出其他题的错误之处。从这以后，小戴越来越自信，成绩也越来越好。

生活中，当妈妈知道孩子把简单的题做错后，大多都会控制不住心中的怒气。所以我们常会看到这样的现象：家长因语言使用、批评方法的不当，造成与孩子冲突、对立，做父母的大动肝火，孩子"不肯屈服"，最后导致不良后果的发生。当然，孩子做错了事情，家长批评孩子是很正确的做法，但是，父母在批评孩子时也要讲究技巧。

孩子年纪幼小，辨别是非能力差，犯错误是难免的事。如果家长不讲究批评的艺术，不计较批评的言词、场合，甚至体罚或变相体罚，只能使孩子的自尊心受到挫伤，引发逆反心理和敌对情绪，这不仅不利于孩子认识和改正错误，反而会造成他们心灵上的创伤。因此，在孩子做错题时，妈妈应先对其做对的题给予夸奖，这样给孩子以良性刺激后，再对其做错的题目进行耐心的指导，或给予一些适当的批评，例如，"下次可不能太马虎了"，"这么简单的题目下次可千万不能做错哦？"等等。在这样和颜悦色的劝说下，可能会收到意想不到的效果。

大禹上小学四年级了，平时学习还不错，可一到考试就不行了，有时还考不及格。

这天，期中考试成绩下来了，大禹拿着不及格的数学试卷战战兢兢地回了家。还没等大禹要把成绩告诉妈妈，妈妈便着急地问："考试成绩下来了吧？这次应该考得不错吧？"听到妈妈这样问，大禹便不知如何向妈妈说了。他知道早晚是要说的，便从书包里小心翼翼地掏出了试卷，轻声对妈妈说："成绩下来了，在这里，只是考得不太好。"

妈妈一听脸顿时沉了下来，说："拿来我看看!"妈妈接过试卷，看到的是满卷的错误。当看到最后一道应用题时，妈妈没好气地质问道："这题你不是做过好几次了吗? 怎么又错了?"

本来已经很懊悔的大禹听了妈妈的话后更加伤心了，他对自己也彻底失去了信心。心想："难道自己就真的就这么笨吗?"

"胜败乃兵家常事"，作为学生考试失利这也是一件很正常的事情。这时妈妈要有意识地尽量避免用任何言语或行为向孩子表明他是个失败者。如果妈妈只会一味地说"你看，你又错了……"之类的话，而不是心平气和地询问为什么会多次出错，和孩子一起寻找错误的原因所在。这样只会让孩子觉得自己什么事都做不好，从而丧失学习的毅力和勇气。

你懂语言的暗示力量吗

小月学习成绩一直不错。可最近一段时间，小月的成绩从前 6 名降到了倒数第 10 名。小月的妈妈听后惊呆了，心想："天啊! 我的女儿也成差等生了。"

这天晚上，妈妈让女儿拿出了数学卷子，逐题分析，问小月会不会做，最后发现女儿都会。

妈妈满脸笑容地说："我的女儿多聪明呀，没有一道题可以难倒你，只要有信心和细心，一定能取得好成绩!" "可我才82 分。"女儿依然心有余悸。妈妈说："分数是测试你会不会的。你都会了嘛，我给你100 分!"

小月听后很是兴奋。随后又积极主动地和妈妈一起看自己的作文。这是小月第一次写小作文，她的作文没有写完，所以得分很低。妈妈仔细地看了几遍小月的作文，惊奇地说："小月，你真是作文天才呀！""真的？"小月疑惑地快步走过来看着。妈妈大声说道："我是特级教师，一眼能看出学生的潜力。你看，你这开头多巧妙，语言多流畅！"

女儿听了妈妈的话后，信心倍增。过一会儿，又愣愣地说："可我的作文分很低呀？"妈妈摇摇头答道："作文关键看才华不看分数。女儿你绝对是作文天才！只要你以后仔细审题，再把作文写完，那么，你的作文就是范文的水平了。"

过了不久，小月的妈妈到学校去开家长会。没想到，老师一见面就眉开眼笑地说："还是你会教育孩子。你的女儿进步可大了，尤其是作文，几乎篇篇都可以当范文了。"

儿童和青少年都是有上进心的，包括那些缺点、毛病比较多的和学习成绩很糟糕的孩子，都希望得到表扬、肯定和鼓励。当他们由于进步或是做了好事而受到妈妈的表扬和鼓励时，就会在情绪上得到满足，在精神上受到激励，在思想上产生快感。这样，积极的内心体验就会逐步丰富和加深，从而增强自信心、自尊心和上进心，产生要求进步的欲望。

孩子的信心源于妈妈有效的夸奖。孩子需要夸奖，需要鼓励。"夸"不仅仅表明了父母的信心，同时也坚定了孩子的信心。只有孩子对自己充满了信心，父母才能培养出优秀的人才。

语言暗示教育是孩子健康成长过程中一种出奇制胜的法宝。它可以化腐朽为神奇，变平庸为不凡，谁掌握并运用了它，谁就会亲手打造出一个神话。

丹丹从小就是一个独立性很强的女孩子。她四岁的时候就能骑两轮的小自行车；到六岁的时候，她就拿了独生子女运动会的第一名……而她这一切的好成绩都是妈妈一句话的"功劳"。

那时，丹丹刚刚三岁。有一天，妈妈看到丹丹在玩搭积木。

当她把所有的积木都搭好以后，妈妈不禁赞叹说：丹丹真聪明，将来一定会有出息。当时，丹丹虽然很小，但也知道这是一句好话，大家听了都会高兴的话。

后来，丹丹慢慢领悟到了妈妈那句话的含义。当她做每一件事情的时候，她就会想到妈妈说的话，她要做妈妈口中有出息的人，她要让爸爸妈妈爷爷奶奶都高兴。所以当丹丹学骑自行车时，她就会出乎人们意料地拆掉后轮旁的两个小轮子；当她参加比赛时，她无论如何都要拿第一。

现在丹丹长大了，各方面都很优秀。每当她向家里亲人报告好消息的时候，她内心便有一种说不出的喜悦。她真正成了妈妈所说的"有出息"的人。她做到了很多人都做不到的事情。现在，丹丹已大学毕业，并到国外继续深造。她在学习之余还报考了驾照、西点等各种她感兴趣的科目。有了妈妈的那句话做她的动力，她相信自己可以给家人一个满意的答案。

一句鼓励的话可以塑造一个成功的人生。相反，一句贬责的话则可能毁掉一个人才。在父母不经意说出一些责备的话后，有可能会伤害孩子的自尊，使孩子失去信心。而一句鼓励甚至夸大的话，却会让孩子燃起希望之火，照亮前进的方向。

妈妈的一句暗语"你一定是个有出息的人"，使丹丹每做一件事情都会以"有出息"为标准去衡量自己的行为。是妈妈的话成就了丹丹今日的成功。

由此可见，暗示效应就像是挂在树上的一串果子，如果想要得到这串美味的果实，就要在心中早早地树立"我一定能得到这串果子，我一定会成为一个优秀的摘果人"这样的信念，这样，就会在不知不觉中朝着得到果子的方向前进。因此，在生活中，妈妈们为了使孩子有做事的积极性，应该不断暗示孩子能够做，能够成为人们眼中羡慕的优秀人等，这些鼓励性话语的暗示效应是很重要的。

学会说些善意的谎言

小艺上二年级，爸爸妈妈经常忙于赚钱，很少有时间关心小艺的学习。特别是最近，小艺的学习成绩下降了很多。

一次开家长会，小艺的妈妈去参加了。老师把小艺在学校里的表现如实地向小艺的妈妈说了。小艺的妈妈听后非常生气，但是她到家里还是面带笑容。

小艺问道："妈妈，老师说我什么了吗？"

妈妈说："老师说我女儿是个认真乖巧的好孩子，将来一定有出息！"

小艺听后笑了，吃惊地说道："咦，老师说我有出息呢！"

第二天，小艺破天荒地在课堂举手发言了。从此，小艺在学习上变得越来越积极了。

后来，小艺在爸爸妈妈的一次谈话中，知道了那次家长会上老师说自己"胆小，上课老是昏昏欲睡，是不是晚上没睡够，这样下去我怕她跟不上"。她知道了当时妈妈是对她撒了谎。但是，她并不怪自己的妈妈。小艺认为，如果当初妈妈回来责骂她一通，原原本本把老师的话复述，那当时她一定会非常伤心。所以，她要感谢自己的妈妈，是妈妈善意的谎言使她对自己充满了自信，从而走向了成功。

不可否认，小艺的妈妈是非常有教育经验的人，她利用善意的"谎言"让女儿找回自信，帮助她走出了困境。

小兴有一个既节俭又严厉的爸爸，所以小兴有什么事情都喜欢和妈妈说。

一次放学后，小兴满脸不高兴的表情，妈妈随口问道：

"怎么了？宝贝儿子！"

小兴撅着嘴说道："妈，班里同学都穿新衣服了，你也该给我买一件了。"

妈妈看了看儿子很认真地样子，立即答道："好，我们明天就去买，好吗？"

"嗯！妈妈真好！"小兴调皮地说。

第二天，小兴的妈妈就带着他到了一家品牌店。小兴一眼就瞄准了那件 200 块钱的小夹克，说道："妈妈，我们就买这件吧！"

妈妈一看，犹豫了一会儿，说道："小孩子嘛，不要穿这么贵的，咱们还是买一件便宜点的好吗？"

"不好！我就要这个！"小兴说道。随后就耍起脾气来。妈妈无奈只好答应了。

在回家的路上，妈妈对小兴说："兴啊，回去你爸爸要问这件衣服多少钱，你可千万不能说 200 呀，不然你爸爸会大发雷霆的。"

"妈妈，那说多少钱呢？"小兴问道。

"你就说五十吧。"妈妈想了想说。

"没问题！妈妈。"小兴说道。

就这样，小兴按着妈妈的话去做了。

又有一次，小兴哭哭啼啼地回家来了，原来是小兴课间和一位同学吵架，他们互相用笔尖划破了对方的脸，而且是小兴先主动打人家的。妈妈知道儿子没理也就没去找别人家的孩子。

妈妈说道："你爸爸回来，你可不要说实话呀！"

小兴问道："妈妈，为什么呢？"

"因为这是善意的谎言，这样你爸爸就不会为你担心了。"

小兴问道："妈妈，那我该怎么说呢？"

"就说是你不小心碰到的吧。"

就这样，小兴在妈妈的又一次诱导下，逃过了爸爸的追究。

结果，长大后的小兴竟然成了一名骗子，但他觉得自己是在说"善意的谎言"。

在我们身边也常常见到这样的事：小孩子很爱哭，妈妈为了不让孩子哭泣会说："再哭我把你扔掉，给狼吃！"通常，孩子会停住哭叫，这在常人看来也是一种善意的谎言。

有人认为善意的谎言可以讲。但是谎言毕竟是谎言，即使它在教育孩子的过程中能起到意想不到的效果；甚至有时也帮助过不少遇到问题和困难的孩子增强了自信，帮助他们闯过了一个个难关。但撒谎总是社会所不提倡的，也是违背道德规范的。这些善意的谎言在运用时，一定要适度运用、因人而用。因为，是谎言就总有被揭穿的那一天。所以，家长们还要以正确的正面引导来教育孩子为主，善意的谎言作为一种策略可以拿来用，但一定要把握好一个"度"。

让孩子养成写日记的好习惯

瑶瑶对写日记很反感，只要不写日记做什么都行。每次瑶瑶都是在妈妈的百般劝说下，艰难地写完每天一篇必写的日记。为此，妈妈很是苦恼，怎样才能让孩子不厌烦写日记呢？

在实在没有办法的情况下，妈妈来到了学校向老师请教怎样让孩子喜欢上写日记。老师说："对于二三年级的学生来说，写日记的确是一件很有意义的事情。但是，学生们由于刚刚接触，开始时肯定都有些抵触情绪。但是，在家长和老师的不断鼓励下，再加上孩子学会用自己的双眼去观察周围的生活，很快地孩子们就会爱上写日记的。"最后，老师总结了两点：一是，孩子写日记必须得到家长的支持和鼓励；二是，让孩子让用心观察身边的每一件事情。

在老师的指导下，瑶瑶的妈妈决定和瑶瑶一起把日记写好。从此，每到瑶瑶放学回家以后，妈妈就准备一些小游戏，在瑶瑶写日记前妈妈先陪她做游戏。在做游戏的过程中，妈妈总是刻意要瑶瑶去记住一些东西，并不断地表达自己在做游戏过程中的感受。

待游戏停下来之后，妈妈说道："瑶瑶，你刚才做游戏开心吗？""嗯，开心，我们明天再做吧！"瑶瑶说道。

于是，妈妈又说："好啊。但是妈妈有一个条件，我们两个分别把刚才做游戏的过程和自己的感受，用日记的形式写下来，你能答应吗？"

瑶瑶回答道："好，我愿意！"

妈妈和瑶瑶分别写了一篇日记，互相交换着看了一下。妈妈看了瑶瑶的日记像流水账一样。瑶瑶看了妈妈写得很生动有趣，而且还不时地发出咯咯的笑声。看完妈妈的日记后瑶瑶说道："妈妈，你写得真好，我以后也要像您这样写。"

后来，妈妈看见瑶瑶在兴头上，又给瑶瑶讲了些关于写日记的技巧和注意事项。在妈妈的耐心培养下，现在的瑶瑶不仅养成了天天写日记的习惯，而且每次写的日记都会在课堂上给同学们朗诵，她的心里可美了。

其实，教育孩子也不一定非得按照一个固定的模式去做。有时候，你意想不到的一句话也许就会为孩子打开兴趣的大门，帮助孩子一起制订并实现自己的愿望。要让孩子做一些事情，并不是强制就能做好，有时候虽然孩子表面做了，但他们内心却得不到做这些事情的乐趣。因此，也不会坚持下去。要想让孩子长期坚持做一些事情，就得为他们制造一些乐趣，让孩子感受到在做这些事情的时候是一种快乐与享受。这样的坚持才会长久。

　　小学生写日记是一项比较艰巨的任务。科学研究表明，写日记是锻炼孩子写作能力最好的方式之一。它可以磨炼孩子的意志，教会孩子如何做人，因此不管作为老师还是家长，我们都要寻找一些孩子们可以接受的方法，让他们坚持写日记。

　　那么，家长应该如何教孩子写日记呢？

　　1. 对于不知道怎样写日记，或者写日记像记流水账一样的孩子来说，妈妈要做一个有心人，要因势利导。妈妈可以从孩子所写的事情中提出问题，启发他思考，看看哪一件事对他影响最大，哪一种情景留下的印象最深刻，就让孩子集中描绘一件事，写一件事发生的时间、地点、人物、情节等。这样一写，不但日记的篇幅长了，而且内容也丰富了，重点也突出了。

　　2. 妈妈还可以找些英雄模范人物或名人作家的日记给孩子看，或者讲读给他听。在儿童少年读物中找一些孩子们自己写的日记学习，更有益处。如有可能，妈妈可以写一篇范文，讲解分析给孩子听。

　　3. 在检查孩子写的日记时，发现错别字、病句、错用标点符号等，都要及时指出修改。发现孩子写日记说假话，更应及时纠正；告诉他们写日记必须写真实思想。对写得好的日记，要加以鼓励，以此调动孩子写日记的兴趣和积极性。

6

好妈妈一定不能这样

错误一：大庭广众之下给孩子难堪

过年，是孩子最喜欢的日子，因为有好吃的东西，有压岁钱拿，还可以到外边痛痛快快地去玩。

可是晴晴在春节里却显得并不是很开心，闷闷不乐的，也不愿意和妈妈说话，每天都把自己关在房间里不见任何人。这到底是为什么呢？

原来，晴晴的情绪低落主要是因为妈妈的一句话。

大年初一那天，一大早家里来了很多亲戚朋友，妈妈和爸爸在忙着招呼客人，晴晴在给来的人拜完年后，就和叔叔家的一个姐姐在一边说起话来。两个人正在聊得起劲的时候，妈妈大喊了一句："晴晴你在做什么，快给你叔叔阿姨们去倒茶！你这孩子真是不懂事！眼里一点活都没有……"晴晴不好意思地挠挠头，然后立刻转身给客人倒茶去了。

倒完茶后，晴晴的叔叔随口说了一句："我们家的晴晴越来越懂事了，这大过年的你就别说他了。"谁知，这句话又挑起了妈妈的话茬，妈妈说："这孩子呀，是不教不行啊，很不懂事。你说来人就不知道给倒茶，还在那像个傻子似的站着……"

晴晴听了妈妈的话，觉得很没有面子，于是，一声不吭地就走出了房间。

在日常生活中，常常听到妈妈在别人面前抱怨自己的孩子："你怎么这么不懂事，这点事情都不会做？真没有出息……"而孩子有时往往会因妈妈的无理说教，而深感自己在众人跟前没有面子，所以最后会和妈妈产生矛盾。

在家庭教育中，妈妈对孩子的批评一定要讲究场合和表达方式，尽可能不要在众人面前指责自己的孩子，否则，会极大地伤害孩子的自尊心。同时，也会使孩子以后怨恨妈妈，从而越发产生叛逆情绪，什么事情都喜欢和妈妈对着干。

其实，妈妈大可不必如此。像上述例子中的妈妈，可以用婉转的语言来提醒孩子。例如，"你能帮妈妈招呼一下客人吗？给叔叔阿姨倒茶，好吗？"当孩子依照妈妈的意思去做时，妈妈也要及时给予肯定："嗯，你真懂事！"

心悦的妈妈是一个很爱干净的人，家里面的地板、家具、厨具每天都被她擦得一尘不染。心悦和爸爸有时随便把东西放在地上都难免被妈妈数落一通。妈妈还特别和心悦强调："不能把你们的同学带到家里来玩，这样会把家里弄得乱七八糟的。"尽管心悦的心里很不情愿，但是，也只能点头答应妈妈的要求。

这个星期天，妈妈要去姥姥家里办事，听说要出去一整天。心悦得知这个消息心里乐开了花，心想，"天哪，这星期天，我终于解放了，不用再受妈妈的监视了。我自由啦……"妈妈前脚一出门，心悦就打电话把自己的小伙伴都召集到家里来玩。

不一会儿，心悦的朋友们全部都聚集到了客厅里。大家好不容易在一起玩耍，心悦高兴之余就把妈妈的话都抛到了脑后。有的直接穿着脏兮兮的鞋子钻来钻去，一瞬间，原本干净得能照进人影的地板就被她们踩得不成样子。大家边吃零食边玩游戏，搞得垃圾遍地。大家都在开心地玩着，突然妈妈走进了房门，看见一堆孩子把屋子弄得一片狼藉，气急败坏地说："心悦，我是怎么告诉你的，我早就说过，不要随便把同学带到家里玩！你把我的话当成耳旁风了吗？"

心悦的脸顿时红了起来，在场的同学也很尴尬。

说罢，妈妈赶走了心悦的同学，大家不欢而散，心悦也很失望。

孩子有自己的世界，自己的朋友，自己的趣味。作为家长的唯一的责任就是把孩子的自由还给他们，让他们尽情地和同伴玩耍。虽然孩子把同学带到家里来，会把房间弄得乱七八糟，但是，妈妈当着孩子众多小朋友斥责孩子，给孩子难堪，这是不对的。这样会使孩子失去很多与同学一起玩耍的机会，同时还可能使孩子变得不合群，越来越孤僻，产生自卑和自负心理。

当孩子领着朋友到家里来玩时，父母应该热情地款待他的朋友，把自由的空间留给孩子们；如果她们把房间弄乱，可以让她们自己动手把房间收拾干净，这样不仅培养了孩子的责任感，同时父母也会得到孩子的尊重和爱戴。

错误二：高高在上的和孩子说话

　　小莲最近养成了爱插嘴的习惯，这让妈妈头疼极了。

　　今天家里来了客人——泥泥和他的爸爸妈妈。泥泥和小莲是一对很要好的小伙伴，俩伙伴在一起玩得非常开心。小莲妈妈和泥泥妈妈坐在沙发上聊了起来。泥泥妈妈用手抻抻身上穿的毛衣对小莲妈妈说："你看，我最近在西单市场新买的毛衣，你看好看吗？"小莲妈妈还没有开口，小莲就一下从旁边窜过来，趴在妈妈身上，瞅着毛衣说："阿姨，我看这毛衣不怎么好看呀！"

　　泥泥妈妈愣了一下，小莲妈妈不好意思地说："你看这孩子，多不懂事！"泥泥妈妈说："没事没事，孩子嘛……"小莲妈妈问："多少钱买的呀？"泥泥妈妈说："你猜猜看。"小莲在一旁又忍不住说："这毛衣，也就 50 元吧！"这回弄得泥泥

妈妈脸上挂不住了。小莲妈妈火了，对小莲说："大人说话，小孩别插嘴！"平时，妈妈对小莲都是温言细语的，今天突然这么凶，小莲觉得受了天大的委屈，索性往地上一坐，大哭了起来……

日常生活中，家长们觉得"大人说话小孩子插嘴"是没有礼貌的行为。因此，面对孩子不合时宜的多嘴多舌，有些父母会变得很不耐烦，往往会当头呵斥一句："大人说话，小孩别插嘴！"但是，粗暴地阻止一个孩子的插话，很可能会扼杀孩子的独立意识的形成，使他变得自卑、畏缩。要避免这样的事情发生，需要妈妈认真对待孩子的每一句话，并加以正确引导孩子。

其实，孩子爱在大人讲话时插话，是孩子自我意识开始增强的表现，这种自我意识是他们成年之后产生自信心和自尊心的基础。在一个爱插话的孩子身上，我们看到了一个成长中的天性自由发展的孩子。我们是愿意看到一个闷头不语、一声不吭的孩子，还是愿意看到一个喜欢用语言来表达自己的孩子？

所以，妈妈们要积极为孩子创造条件和机会，让孩子尽快尽早地了解成人的世界，了解真实的社会。如果大人的谈话确实不便孩子在场，可适当地安排孩子去做一些别的事，转移孩子的视线，而不要呵斥打断孩子的话语，这会在无形中伤到孩子的自尊心。

小悠是一个有着远大志向的孩子，他喜欢给自己制订目标，尽管他有时给自己制订的那些目标有点儿高，可小悠还是相信在不久的将来自己一定能实现这些目标。为了自己的目标，小悠总是充满希望地过每一天，她在不断地朝着自己的目标奋斗着。可是，有一天妈妈的话却让小悠变得像被霜打的"茄子"一样，好几天都缓不过精神来。事情要从这里说起……

一天晚饭后，小悠和妈妈坐在一起聊天，妈妈说道："你现在都已经三年级了，对自己将来有什么规划吗？"

小悠笑眯眯地说："当然有啊？而且我的目标还坚如磐石

呢！我一定不会放弃自己的目标，并且我会为了这个目标的实现而加倍的努力！"

妈妈看着小悠好奇地问道："是吗？那说来听听，你的远大目标是什么？"

小悠胸有成竹地说："我长大要当名医生。"

妈妈听完小悠的"雄心壮志"，说道："不行，我不同意，我觉得你还是当一名教师比较好，医生的责任太重了，太累了。"

小悠立即反驳了妈妈，说道："教师有什么好的，我就想当医生，为什么要听你的，我自己有自己的想法。"

妈妈见女儿态度有些过激，开始有点火了："你懂什么？我吃过的盐比你吃过的米还多！不要和我争辩，知道吗？"

小悠听了妈妈的话后非常气愤，于是摔门而去……

现实生活中，像小悠妈妈这样的家长并不少见。这些家长常常持有这样的态度：你是孩子，你懂什么？让我来教教你，要按照我说的去做。家长常常低估孩子的观察力，否定孩子的想法，以为自己总比他们高出一筹。

当妈妈在给孩子自主选择的权利时，也应注意对他们的提出一些有建设性的意见，把自己对事、对人的看法提出来供孩子参考，但最后选择的权利应赋予孩子，这样才不失为一个明智的妈妈。

错误三：批评就要"暴风骤雨"

泽西是当之无愧的新新人类，喜欢追求最新奇时尚的东西。

平时最喜欢听周杰伦的歌曲，是周杰伦的绝对铁杆"粉丝"。凡事都喜欢模仿心目中的偶像，甚至连周杰伦说话、唱歌时的口齿不清都

要效仿。

泽西的妈妈一直看不惯儿子的这种行为，而且经常当着儿子的面说周杰伦是一个名副其实的大舌头，唱歌吐字不清。为了这件事，泽西经常和妈妈翻脸，有时母子俩争论不休，一冷战就是一星期。

这天，听说周杰伦要来家乡开演唱会，泽西无比兴奋，吵闹着向妈妈要钱买演唱会的门票。可是，演唱会的门票一张要500元，这对于一个普通的工薪家庭来说是很难承受的，所以，妈妈坚决地拒绝了他的请求。

泽西不死心，继续对妈妈苦苦哀求："妈，就让我看一次演唱会吧，就当是提前给我压岁钱了，求求你了！"

妈妈生气地说："500块！周杰伦也真够黑的！不给，没钱……"

泽西继续死缠滥打。

妈妈火了，怒吼道："你给我滚，找周杰伦去吧！"

泽西一气之下，回了妈妈一句："滚就滚！"说完就哭着跑了出去。

妈妈在身后补上一句："出去了就永远别回来！"

生活中，当孩子提出一些无理要求的时候，很多父母会断然拒绝，然后再给孩子一顿狠狠的批评。因为生气，很多父母可能会一时气急说出一些伤人的话，比如"滚"、"出去就永远别回来"等等，结果伤害了孩子的自尊心，破坏了亲子关系。更严重的是，有些倔强的孩子，说不定就真的永远不回来了。

当孩子顶撞母亲时，威胁或以暴制暴是没有任何作用的，相反只会破坏母子之间正常、自然的沟通，恶化母子关系。此时妈妈需要做的是聆听、理解和宽容，只有站在孩子的角度，分析孩子的真实想法，再以此着手进行坦诚的教育和说服，孩子才会主动放弃不合理的要求，接受妈妈的意见。

孩子不听话并且喜欢和妈妈对抗，这往往是一个机会，一个展示妈妈教育水平和对孩子爱心的机会。一旦父母能够"驯服"孩子，往往能使孩子从此以后面目一新，还会对妈妈心存感激。

小航的妈妈很注重个人卫生，可是，小航却是一个"邋遢大王"，身上的衣服总是脏兮兮的，而且，还有一个很不好的习惯，上完厕所总是忘记洗手。

妈妈希望小航变得讲卫生一点儿，为此妈妈不知说了他多少遍。可是，小航每次都会忘掉。小男孩对于一些生活上面的小细节往往不是很注意，所以，总是当妈妈唠叨"怎么又不去洗手"时，他才会吐吐舌头，然后不紧不慢地去洗手。

这天午饭时，小航又上完厕所没有洗手，而且还要伸手去拿盘子里的菜吃，妈妈看见了，就像看见苍蝇掉进汤里一样，尖叫道："我告诉过你多少次！上完厕所一定要洗手，吃饭前一定要洗手！你总是这样，不讲卫生！怎么总是讲了不听啊？难道你没有长脑袋吗？……"

妈妈的一通喊，把小航吓了一跳，孩子像做了很大的错事一般，低着头去洗手了。

个人清洁卫生看起来是一件微不足道的小事，却往往反映出一个人的精神面貌和生活情趣。人们常说活着就是为了提高生活质量，从而获取精神上的自由和超越。

在日常生活中，不少孩子的个人卫生意识非常差。我们经常会看到一些住在集体宿舍的学生，穿戴乱七八糟，衣服裤子皱皱巴巴，油渍斑斑。集体宿舍的桌子上杯盘狼藉，有的剩饭剩菜已经长出"霉菌"，床上更是成了"杂货铺"，被子已经看不出是什么颜色，床下的世界更"精彩"，空瓶子、臭袜子、脏球鞋等横七竖八地堆在一起。

因此，爸爸妈妈一定要教育孩子明白这个道理：穿着不体面、不整洁是没有出息的表现。但是，千万不能在给孩子指正错误时，歇斯底里似的吼叫。因为，这样的批评对孩子起不到任何教育作用，而且这样一

吼含有很大的失望情绪，这样的不良的情绪会传递给孩子。久而久之，孩子的坏习惯不但没改，反而会破罐子破摔，任其发展。

训斥和责骂很难使孩子改变不好的行为，不如向孩子讲明道理，告诉他错误的行为会产生怎样不良的后果，效果会好得多。例如，当小航再次忘记洗手时，妈妈可以这样说："饭前便后要洗手，这不是老师教过的歌曲吗？不洗手的话，会有很多细菌钻到肚子里面去的，会对身体不好的。"向孩子讲明道理，孩子就会意识到自己不洗手的习惯是不对的，是需要改正的。

错误四：在孩子失败时火上浇油

点点是一个上进心极强的孩子，在学习上他一直严格要求自己，但最近点点的成绩变得很差，几乎每次考试都是"垫底"。为此点点很是焦急。

点点的妈妈也很担心，常常和点点说，这个社会竞争如何如何地激烈，你现在学习成绩就一直不好，那么以后提上去就更难了。妈妈一心想把点点培养成大学生。

点点明白妈妈的苦心，也很努力，可是学习成绩就是上不去。这一天，点点把考试成绩单拿给妈妈看，这次点点排名倒数第3名，他自己也伤心不已，妈妈看到成绩单立刻就火了，指着成绩单道："你怎么总是倒数，就你这样以后怎么能上大学呢？"

点点惭愧地低下了头，他心里也明白妈妈发火是应该的，但是，他还是忍不住说道："不一定考上大学才有出息！"话一出口，就被妈妈喝住了："什么？不考大学？考不上大学你干嘛？

你这个笨蛋！就你这点分，以后连扫大街都没有人敢要……"

所有的父母都希望孩子有出息，以后能考上一所好大学，出人头地，这本没有错。但是每个孩子的自身情况不同，妈妈应根据孩子的具体情况来分析孩子，尤其是在孩子考试失利时。孩子也愿意考一个好成绩，考试失利时，他的心里也不好受。这时妈妈如果再讽刺挖苦孩子，只会加重孩子的自卑感，从而对自己失去信心，对学习失去兴趣，主动放弃学习。妈妈的这种做法无疑是在火上浇油，不会起到什么正面的影响。

听说尧尧要参加学校的歌咏比赛，妈妈十分高兴。并为尧尧准备了一件非常漂亮的衣服以备比赛之用。同时，还反复地叮嘱尧尧说："妈妈的宝贝女儿，你这次一定要好好演唱，发挥最高的水平为妈妈争气！"

比赛开始了，尧尧因为第一次参加歌咏比赛，不免有些紧张，在台上面红耳赤，把很多歌词都唱错了，而且没有一点的节奏感。她好不容易表演完了，评委们都有点不好意思了，勉强给打了一个照顾分，但与其他的小选手的分数还相差甚远。最后，尧尧的名次是比赛的最后一名。

尧尧非常难过，她沮丧地回到家，希望得到妈妈的安慰，可是她刚进屋门，妈妈就冲着她喊："我真为你感到丢脸，你怎么唱成那个样子……"

尧尧伤心地说："妈妈，对不起，我当时看见有那么多的人，心里一紧张就忘了词儿了……"

"所以，你就唱成那个样子了？"妈妈呛着尧尧的话头说道，"你看看人家小武，你为什么不能像他那样争气！人家跳得多棒，得了第一名。你总是害怕呀，心慌呀！你还能做成什么事情，真是没有出息！"

尧尧委屈地哭了，心里甭提多伤心了。从那以后，尧尧更加胆小怕事了，就连上课回答问题都尽量回避。

在家庭教育中，父母一贯喜欢拿自己家的孩子和别人家的孩子做比

较，他们认为这样可以激励孩子发奋，使孩子以比自己优秀的人作为前进目标。其实，这种做法对孩子并没有什么正面的促进作用；相反，父母对自己孩子的一再否定，只会使孩子失去自信，认为自己比别人差一大截而产生强烈的自卑感，从而放弃努力。

在孩子失败、失意的时候，家长不要过于心急，更不要对孩子进行奚落和讽刺。相反，父母应该给孩子以安慰，告诉他一两次的失败不算什么，更不能证明她没有能力；只要充满信心，克服一切对成功不利的因素，一定会成功。如果你发现自己的孩子没有某方面的才华或是天赋，就不要强求，可以因材施教，根据孩子的特点选择一个适合他的事物。

错误五：听取一面之词就动口

小华从小因为父母工作忙而一直住在农村奶奶家。在他七岁的时候，妈妈把他接回城里一起生活。他爱劳动，关心集体，学习成绩中等。但是由于他比较贪玩，常常不按时完成作业，为此老师不断地向他的妈妈告状。每次妈妈在听到老师的告状后，一点不给小华说话的余地，就风风火火地教训小华，轻则谩骂，重则责打。这样搞得母子关系非常不好。

小华曾经对与他关系比较好的同学说道："我不喜欢这个家。"他非常惧怕妈妈对他的责罚，而且每次连解释的机会都不给他，只是听别人的一面之词。为了逃避惩罚，他学会了说谎；为了报复妈妈，他多次偷窃家里的钱物。

通过以上事例，我们可以知道小华的妈妈是一个火暴脾气，她容不得别人说自己的孩子不好，她打骂孩子虽然动机是好的，但是，这种方式实在是欠佳。小华妈妈这样惩罚孩子，不但不会收到意想的效果，而且惩罚的结果往往只能使孩子变得粗野、迟钝，甚至出现心理障碍。这种惩罚破坏了母亲与孩子之间的心灵联系。有很多孩子，最初害怕妈妈的责打，然而时间长了，开始变得麻木不仁，我行我素。

因此，一个明智的妈妈，不应该听到别人说自己孩子的一点不好，马上就采取惩罚行为。妈妈应该首先搞清楚自己的孩子为什么会这样，再对孩子进行教育。同样，还应给孩子解释问题的机会，说清楚了再惩也不迟。不管怎么说，打骂孩子都不是明智的做法，希望所有的妈妈们掌握正确的教子方法，要罚就罚得孩子口服心服，这样才能起到抑制孩子的不良行为的效果。

星期天，子健和佳豪一起在院子里踢足球，佳豪总在炫耀自己"高超"的球技，一会儿一个倒钩踢球，一会儿一个凌空射门，简直令人眼花缭乱。佳豪擦擦汗，对子健说道："要不要见识一下什么叫大力抽射？"子健崇拜地说："好呀！"只见佳豪用力一踢，球立刻飞了出去，"砰"的一声打碎了邻居家的玻璃。

"是谁干的！"邻居大吼了一声。

佳豪一把抓住了子健的袖子，说道："快趴下，否则就会看见了！"

随后，佳豪和子健一溜烟地跑回家。

回到家后，子健觉得打碎了人家玻璃，一声不响地逃了回来有些不合适，于是对佳豪说道："我们应该向邻居赔礼道歉的，不是吗？"

佳豪回答说："你疯了，那不是去找骂吗？"

这会儿，子健的妈妈正好进来，便询问道："你们两个在争论什么呀？"

子健如实地回答："佳豪打碎了人家的……"佳豪没等子健把话说完，就捂住了子健的嘴巴，说道："呵呵，你就喜欢告状！"

妈妈看着两个人，也没多问，就随口说道："别乱告状呀！那样不是一个好孩子，好好和佳豪一起玩！"

子健听了妈妈的话后，冤枉得眼泪都要流下来了……

孩子的道德观念是在家庭学校的生活环境中以及妈妈的影响下逐渐形成的，妈妈的赞许或谴责、肯定或否定，是他们道德判断的最高标准。在他们的眼里，妈妈是可以依赖的、公正的"法官"，所以遇到矛盾就向"法官""告状"。这是他们年龄和心理特征决定的，没有"出卖"别人的目的，与成人间的"告密"是根本不同的。

所以，当孩子"告状"的时候，妈妈首先要使孩子的情绪稳定下来，让孩子将事情的经过说清楚，找出真正的原因。切不可一味谴责孩子，不信任孩子。如果两个孩子之间发生了矛盾，妈妈也不要因为听到孩子告状就愤怒地谴责另一方。小题大做和盲目冲动都会强化孩子的告状行为，使孩子形成不良的性格。

其次，在孩子反映事情况的基础上，妈妈应该进行必要的调查和核实，利用自己"法官"的身份，耐心地分析和教育孩子，要让他学会对自己和他人的行为进行判断，以促进其客观评价事物能力的提高。

错误六：偷看孩子的日记

丽丽上六年级了，一天在上学的路上，她猛然想起自己忘记带作业本了，而老师昨天特意交代一定要带上作业本。于是，她急忙掉头往家跑。当她推开门走进屋时，看到妈妈正从自己的房间里出来，脸上带着不自然的表情。

丽丽走进自己房间去拿作业本，推开房门，她愣住了，看到自己书桌的抽屉全部敞开着，自己的日记本、同学们送的生日礼物及贺卡等全都胡乱地堆在桌子上。

丽丽非常生气地质问妈妈："你为什么翻我的抽屉，随便动我的东西？"

没想到妈妈却比她还生气："怎么了？当妈妈的看看女儿的东西还有错吗？"

"可是你应该经过我的允许才能看啊！"丽丽很愤怒地回答。

"小孩子有什么允许不允许的，别忘了我是你妈妈，好了，快去上学吧！"妈妈毫不在乎地对丽丽说。

很多妈妈认为，她们偷看孩子的日记、检查信件、追查电话、查阅短信、翻查书包等，这些都是小事。他们认为孩子毕竟还小，他们这样做是在关心孩子，一切都是为了孩子的成长，防止孩子走入歧途，以免孩子一步走错步步皆错。而孩子，虽然有的可能会了解父母的本意是出于对自己的爱护，但是，父母的这些行为是对子女的不信任、不尊重，伤害了子女的自尊心。

其实，孩子到了一定年龄后会凸显强烈的独立性，想拥有自己的隐私，也渴望被尊重。这时，如果父母采取强硬和蛮横的手段，想方设法去查看孩子的日记、偷听孩子的电话等，无视孩子的感受，随意侵犯孩子的隐私，则会带来许多负面影响。这种做法会伤害孩子的自尊心，给孩子造成沉重的精神压力，甚至使孩子产生敌意和反抗。孩子会因为自己的隐私受到侵犯而采取更极端的措施将其保护起来，把自己的心紧紧锁闭，导致父母与孩子关系的恶化。这样，父母想了解孩子就变得更加困难了。

星期天，秀秀准备痛快地玩一天，因为一个星期的紧张学习使她头晕目眩，两眼发花。可是，在她玩累了归来时，发现自己的书包被翻过了。此刻，秀秀立刻想起了书包里的日记本。

果然，日记被妈妈翻看了。不过，妈妈写了留言，表示了自己的歉意，可是秀秀还是感到很气愤，她想：道歉又有什么用呢？日记写的是我心中的秘密，是我从来不肯泄露的私事，我从没对妈妈说过，可妈妈竟偷看了我的日记！

秀秀又羞又愤，决了堤的泪水发狂地流！她找到妈妈大声问道："你为什么偷看我的日记本？这是我的隐私，你知道

吗?"可是,妈妈却不屑地说:"小孩子有什么隐私?你的事情我都有权利知道。"

秀秀忍着泪水再也没有说话。

从此以后,秀秀极少讲话。几乎一回家就是关紧房门做作业,吃饭只盯着自己的碗和菜。日记也不写了,她把日记本放在了同学家的抽屉里,请同学保管。现在的秀秀宁可信任同学也不信任自己的妈妈了。

孩子终究是要长大的。孩子大了,内心里有不愿告诉别人的秘密也是自然的事情。尽管孩子内心世界的秘密不一定正确,但这些秘密毕竟是孩子成长的表现,也是孩子成长过程中的正常现象。

所以,父母们对此应该给以充分的尊重。在生活中,父母要密切注意孩子在态度和行为上的细微变化。当孩子希望自己的房间没有人打扰时,父母就不要随便进入;当孩子希望拥有记录自己秘密的日记本时,父母就不要偷看,更不能采取打骂体罚的方式。

妈妈们最理智的做法是尊重孩子的隐私权,给他们一个自由的空间。这样做并非放任自流,而是对孩子的隐私给予充分的关注和积极的引导。用自己的语言和行为去赏识和尊重孩子,孩子也同样会尊重你,从而把你当成他们的好朋友。当他们遇到什么事情或者心中有秘密的时候,才有可能主动向你谈起。请记住,你越尊重孩子的隐私,你与孩子的距离也就越近。

错误七:常把"都是为了你好"挂在嘴边

小梦是一个既聪明又漂亮的女孩子。她在学校里是同学的榜样,在家里是亲戚朋友们的骄傲。可是,这样一个优秀的女孩却是不快乐的。为什么呢？

　　小梦的妈妈一直都想把她培养成各方面都出类拔萃的人，所以，对小梦的要求就显得比较严格。小梦每天除了要学习书本上的知识外，还要去学习钢琴和舞蹈。放假的话，妈妈就会把她送到英语口语速成班学习。这样下来，小梦的所有时间都是在学习，根本就没有休息的时间，更别提玩了。每当听到周围的女生谈论一些时尚的话题时，小梦却只能很被动地待在一旁听着，因为她根本不知道大家在说些什么，心中的苦恼也只有自己知道。

　　每当小梦稍稍有一点抱怨的情绪，妈妈总是搬出那么一句话来："你知道吗？妈妈都是为你好，所以，你一定不要辜负妈妈的苦心。"只要说这么一句话，懂事的小梦就不敢再有什么不满了。

　　这天，小梦特别想和同学去展览馆看画展，可是妈妈给她安排了英语课程，她便请求妈妈："我就缺一次英语课不行吗？我真的好想去看这个画展呀！"

　　妈妈又开始苦口婆心地说了："女儿呀，我这是为你好……"没等母亲说完，小梦已经打断了她的话，说道："什么都说是为我好，可是我一点也不觉得好，我一点也不快乐……"说完，便委屈地哭了……

每当家长要孩子做一些她们不想做的事情时，父母总是用这样一句"我都是为你好"来堵上孩子的嘴巴，这是父母犯的最大的错误。其实，父母强迫孩子学习各方面的特长，这并没有错，但是，父母们也应该了解孩子是否真的喜欢学习这样、那样的特长。如果孩子喜欢，那么父母就是在尊重她们的选择；如果不喜欢，那就是在违背他们的意愿。这种强迫是没有好结果的。即使孩子略有所成，他们的心里留下的也只是厌恶和伤感。

教育孩子就要教育一个有主见的孩子，在任何事情前，他们都能有

自己的想法并为之做出自己的选择。父母不要把自己的意愿强加在孩子身上，这是对孩子最大的尊重。

父母不可打着"爱"的旗号去强迫孩子学习自己不喜欢的东西，要尊重孩子的选择，尊重孩子的情感，让孩子有一片自由的天空。

小然从小就非常喜欢小动物，而且非常热衷于研究小动物的生活习性。所以，他常常因为观察小动物而弄得浑身是泥。妈妈对此非常生气，觉得她不务正业，于是就想方设法阻止她去外面玩。妈妈让小然把所有的心思都放在学习上，考出一个好成绩。

小然总是趁着妈妈不注意偷偷地跑到附近的公园里做自己喜欢的事。有一次，她把一个黑色的蜘蛛带回家后，妈妈看见后大发雷霆，训斥她不应该把这么脏的东西带回家。随后，还一脚踩死了蜘蛛，并且把小然积累了好几年的装着各种标本的"百宝箱"摔烂，并理直气壮地说道："我这可都是为你好！看你以后还弄不弄这些破东西！"那一刻，小然愣住了，回到自己的房间默默坐了一个下午。

从那以后，她的学习成绩一落千丈，变得沉默寡言，妈妈为此非常发愁，甚至怀疑她是不是智力有问题。

而小然的生物老师说："小然这孩子特别聪明，如果好好培养，将来一定会是一个非常出色的生物学家。"

现实生活中，有很多父母都会犯像小然妈妈这样的错误。像小然妈妈这样干涉孩子的兴趣，并打着"我这都是为你好的旗号"，这样的父母无疑会给孩子带来很大的心理伤害。

"我这都是为你好的"这句话让孩子根本无法反驳，它听起来是那么具有"献身精神。"在这种情况下，孩子即使十二分的不愿意，也会按着妈妈的说法去做。但是，无论从哪一个方面看，这句话都不容易让孩子接受，甚至有可能会引起反感。而且，妈妈说这句话的时候，孩子一定是在某个方面做得让妈妈不满意，母子之间已经形成了一对矛盾。其实，妈妈也并不总是对的，孩子也有自己的想法和意愿，对于这些妈妈应该

多了解、多沟通，多一些理解，不要强把自己的经验教训当成孩子的行
动指南。

再者，就算妈妈的话正确，也应该保持耐心，把道理讲透，一次不
行，可以找时间再聊。简单一句"我这都是为你好"，有时起不到正面的
作用，反而会引起孩子的逆反心理。

错误八：你敢不听话？打！

小秦是五年级学生，在班里担任班长。但据小秦的妈妈反映，
小秦以前是比较乖巧听话的，学习成绩也一直不错。可是，最近
妈妈发现小秦"越来越不听话"了，"主意多得很"，经常像故意
跟妈妈"对着干"似的，而且倔强得很，不肯认错和服输。

曾经有一件事情令妈妈伤心不已：小秦的一位同学过生日，
准备邀请几个同学一起到"肯德基"庆贺一番。小秦的妈妈心
里不太愿意女儿跟那几位同学交往，认为那几位同学不求上进，
而且，一贯节俭的她也无法接受小孩子采用这种方式过生日，
因此坚决不允许小秦去参加。小秦则认为妈妈对同学有偏见，
说妈妈"老土"，坚持要去参加同学的生日聚会。妈妈见女儿不
听劝告也很生气，威胁女儿说："你可以去，不过，去了就别
想再进这个家门。"没想到，女儿竟然说："我就去，我再也不
愿意见到你！"于是，妈妈就狠狠地打了她一个耳光，小秦悲伤
地跑出了家门。

小秦这一年龄阶段正处于心理逆反期，因此她才会有上述表现。作
为妈妈这时候千万不要用妈妈的身份压迫孩子屈服。

孩子之所以产生逆反心理，处处和妈妈对着干，有很大一部分责任

在于妈妈不当的教子方式。一旦明白了孩子的逆反心理产生之源，妈妈就应该"正本清源"，以春风化雨般的态度和方式，化解孩子心中的逆反。

有时候，叛逆行为是和年龄有关系的，是孩子成长阶段的"必修课"。孩子有轻微的叛逆行为，妈妈不用大惊小怪，不要认为孩子是学坏了，而应该像以前一样关怀他、教育他。到了一定阶段（如孩子到了一定年龄时），这种叛逆行为会逐渐消失。

小峰最近迷上了打台球，每天放学后就直接来到台球厅，先打上几杆过足了瘾再回家。为了有钱打球，他连早餐都不吃了。每天总是惦记着放学后打球的事情，连上课都想着怎样进球，自然就没有心情学习了。小峰原来成绩还算不错，可如今一落千丈，这可急坏了小峰的妈妈。

妈妈起初不知道小峰学习下降的原因，后来询问了小峰的朋友后才知道都是台球惹的祸。妈妈立刻三令五申，要求小峰放学直接回家不要再去台球厅打台球了，并且还要他写了保证书。

这天小峰提前放学，心想，去偷偷玩10分钟应该不会被妈妈发觉的。可是，他一玩上后，整个心思都扑在了台球上，忘记了时间，等到回家的时候已是夜幕降临了。妈妈很快就知道了小峰又去打台球的事情，愤怒可想而知。当小峰刚刚进门，妈妈抄起鸡毛掸子就向小峰打去，小峰疼得直哭。

妈妈用鸡毛掸子指着小峰的额头说："以后还敢去打球吗？还敢吗？……"边说边打。

小峰哭着说："不敢了……再也不敢了。"

妈妈这才把手中的掸子放下来。

很多家长认为"大棒"政策对孩子很有用，于是，孩子一犯错误就揍孩子一顿，然后警告"你敢不听话"？

"你敢不听话"这句话的言外之意就是，你再敢这样干，我会揍死你！这是无视孩子的自尊，把家长的威慑力凌驾于孩子的独立人格之上的错误做法。长时间这样滥用家长权利，强迫孩子服从，不但不会有什么效果，反倒会激起孩子的逆反心理。有些孩子甚至会想：我就是要去试试，让你看看我敢不敢？

依靠暴力实施家庭教育往往收不到好的教育效果。正确的教育方法应该是温情的、讲道理的、宽容的。所以，如果孩子做错了事，妈妈不要简单地打骂，而应告诉孩子自己之所以不允许他做这种事的原因，让孩子明白他的行为是错误的，这样孩子才会主动地改正错误。

比如，故事里的妈妈可以和小峰做一个约定：偶尔玩一下台球是可以的，但不能影响学习成绩。同时，也要告诉孩子贪玩不好好学习的危害，这些远比一句"你敢不敢"更有说服力。妈妈要让孩子明白道理，而不是让他们因为怕挨打、挨骂而不再犯错误。这样，孩子的坏毛病才能得到根除。

错误九：工作不顺，拿孩子出气

最近，壮壮的妈妈因为单位要裁员的事情很苦恼，恐怕自己被裁掉。此刻正坐在沙发上发愁呢！可壮壮却不知道妈妈不开心，仍然像往常一样顽皮的一屁股坐到沙发上，拉着妈妈手非要和妈妈说说在学校里发生的一些有趣的事情。

"妈妈，告诉你一件特别逗的事情。我们班的小胖今天上课吃东西了，还拿课本盖住了嘴巴，可是，他仍然没有逃过老师的'法眼'，被抓个正着……"壮壮在妈妈面前手舞足蹈地说着。

"哦？是吗？"妈妈在一旁没精打采地回答道。

"对呀？你猜猜他是怎么被老师发现的呢？"壮壮扯着妈妈的手，故意卖关子。

妈妈瞅了他一眼没有理他。后来，壮壮又开始撒起娇来了："妈妈，我在问你问题呢，你快猜猜好不好？"壮壮不停地拉着妈妈的衣襟央求着。

妈妈显着有些不耐烦了，说："我怎么知道？你快一边玩去吧！"

壮壮并没有注意到妈妈神情的改变，还是在那一个劲地往下说："你猜猜……你不会连这点小问题也猜不到吧？你可是一个非常聪明的妈妈呀……"壮壮边笑边推着妈妈的肩膀。

妈妈此时发怒了，说："你这孩子，没看见我正烦着吗？别烦我，去！去一边做作业去！再在我身边啰嗦小心我揍你……"

壮壮被妈妈的吼声吓了一跳，撇着嘴默默地回到了自己的房间……。

有些家长在心烦的时候，希望自己能够安静地待着。文中壮壮的妈妈就是一个很好的例子。但是，壮壮并不知道妈妈此刻的心情，他像往常一样倾诉自己的想法或心事，可是最终得来的却是妈妈的吼声："一边去！别烦我！……"

妈妈心里有烦事，情绪不好，这些是可以理解的。但是她却忽略了自己粗暴的态度会扑灭孩子内心热情的烈火，使孩子因此而不敢与妈妈交流沟通，无论是在学校里遇到的新鲜事情，还是在学习生活中遇到的困难等等。

在所有妈妈的眼中，孩子在学校里遇到的一些事情可能是一些芝麻绿豆大的小事，不值得一听，可是对于孩子而言却是很大的事情。孩子需要被妈妈倾听。当孩子向妈妈诉说自己的所见所闻所感时，不仅宣泄了内心的情感，舒缓了心中的压力，锻炼了语言表达能力，而且有利于形成豁达、开朗的性格。妈妈是孩子最信任的人，所以孩子有心事才会最想和妈妈说。妈妈如果真的心烦，没有心情听孩子说这些事情时，可以和蔼地对孩子说："妈妈这会儿需要考虑一点事情，你先去做作业，然后我再来分享你在学校里遇到的有趣的事情，好吗？"这样既避免了伤害孩子，又可以静下心来好好地思考自己的问题，一举两得。

小堂今年 14 岁了，自从 6 岁起，从来不叫任何人。就是他爸爸妈妈，也从来没叫过一句！

原来，在小堂 6 岁那年，小堂的爸爸妈妈吵架怄气，这时乖巧聪明的小堂看爸爸妈妈不高兴了，甜甜地叫着"爸爸妈妈"，想转移父母的不快。可是小堂的爸爸妈妈并没有理睬小堂，妈妈反而一把将小堂推到了地上，还没好气地吼道："你给我滚一边去！关你屁事！滚……"无辜无助小堂悄悄地抹着泪走了……从此以后，小堂变成了一个冷漠的孩子，他的妈妈搅尽了脑汁，可是对小堂依然没有什么效果，小堂一如既往的我行我素，失去了昔日的撒娇嬉笑，再也看不到那甜甜的微笑，更不用说和父母谈心了。

看到了现在的小堂后，你有何感触呢？是孩子的性格太怪异吗？其实未必，如果当初小堂的父母在争吵时应考虑一下年仅 6 岁孩子的感受。面对孩子纯真的笑脸，能够不再争吵，不是粗暴地推倒孩子，而是把孩子拥入怀里，或者他们能够及时的发现自己的错误，并且真诚地去道歉、去抚慰、去弥补，或者就不会有这样可悲的结局。

所以，这个故事给我们的教训是：不管大人心情怎样，千万不要拿孩子撒气。孩子是无辜的，孩子的心灵是稚嫩的，经不起伤害，尤其是他最爱的人的无辜伤害！

错误十：把孩子的一切都包揽下来

小贺今年 11 岁，上小学五年级了。可是他的胆子却比同龄女孩还小：晚上不敢一个人睡觉，每次都得等他睡着后，父母

才能离开他的房间；天一黑他就不敢出门，所以妈妈晚上很少带他出去；上课不敢举手发言，怕说不好；学校开运动会不敢报名参加，怕得最后一名让人笑话；有不懂的地方不敢问老师，怕老师说他；节日演出不敢参加，怕出洋相；就是与妈妈外出，有时叫他去问路都不敢，怕被拒绝……

因为小贺从小到现在几乎所有的事都是家长替他包办，他好像也习惯了，不管碰到什么事情自己都不会主动拿主意，总是等着妈妈点头他才肯去做。小贺的妈妈开始并没有在意这些，认为孩子小，等长大了就好了。可小贺的妈妈万万没有想到，孩子现在都快上五年级了，还是这样的胆小，真不知该怎么办？

多数孩子活泼好动，敢说敢做。但也有为数不少的孩子胆小怕事，平时少言少语，性格孤僻，不合群，失去了同龄孩子的那种天真、贪玩、好动的天性。他们非常腼腆，说话声音低微，主动要求少，不敢不一个人外出等。这就是我们平常所说的胆小的孩子。

造成孩子胆小的原因很多，主要是家庭环境与家庭教育的影响。例如，有些孩子生活范围很小，平素只生活在自己的小家庭里，从小父母就过度地限制孩子的活动，不准孩子单独外出，不让孩子多接触同龄伙伴，造成孩子不合群，缺乏一定的交往能力；父母的过分娇宠孩子，事事包办替代，使孩子失去了很多锻炼的机会；或者父母过分的严厉，孩子整日战战兢兢。因此，对于胆小怯懦的孩子，随着年龄的增长，妈妈要让孩子多接触外界的事物，多认识世界，多与小朋友交往，鼓励孩子去探索与尝试，从实践中培养孩子的勇敢精神。

放学后，学校门口水泄不通，围满了接孩子的家长。小娇也是其中的一个。小娇已经上四年级了，可是妈妈每天都会在百忙中抽出时间来接小娇。

妈妈心疼地取下女儿肩头的书包，背在自己肩上，充当"书童"。小娇无物一身轻，边走边玩。随后，妈妈怕女儿渴了，掏出书包中已经为女儿准备好的橘子，把皮剥好递给了女儿。

在现实生活中，不少家长把对孩子的关心爱护变成了溺爱，尤其在独生子女家庭中，表现更为突出。祖父母和父母把孩子视为"小皇帝"，一味地娇惯、偏爱和护短，对孩子的要求百依百顺，有求必应。对孩子的不良品德和习惯不批评、不教育，往往包庇护短。吃饭穿衣一切事务都由家长包办代替，孩子让家长干什么，家长就干什么，一切以孩子为中心，使孩子过着饭来张口，衣来伸手，好逸恶劳的懒惰生活，养成一种自私、任性、专横、跋扈、为所欲为的不良习惯，这些不良习惯任其发展下去，其后果是不堪设想的。有人说，对孩子的娇生惯养、百依百顺，是促进孩子走上不幸道路的开端。这是值得每位家长深思的。

溺爱的形式各有不同，但这些家长的共同特点是：不把孩子看成是国家和社会的未来，而是看成个人的私有财产，忘记了把孩子培养成为社会主义现代化建设有用人才的基本目标。溺爱的结果只能是坑害了孩子，受害的固然是国家和社会，但首当其冲、自食其果的是孩子的父母。由于父母的溺爱使孩子养成恶习，难以管教，给家庭和社会造成危害的事例数不胜数。

家长对孩子要做到爱而不溺，应注意以下几点：

第一，家长要有理智、有分寸地关心爱护孩子

家长既要让孩子感到父母真挚的爱，使其感受到家庭的温暖，激发其积极向上的愿望，又要让孩子关心父母和其他家庭成员，并逐步要求孩子做一些力所能及的自我服务性劳动和家务劳动，这不仅有利于培养孩子热爱劳动，关心集体的好品德，而且也有助于培养孩子的智力和自理能力。

第二，家长要正确对待孩子的要求

人都是有需求的，而且是多方面的，往往也是无止境的。对孩子的需求要具体分析，要以家庭的实际经济状况和有利于孩子的身心健康为前提，不能百依百顺，有求必应。过分地满足孩子的需求容易引发孩子过高的期望，养成越来越贪婪的恶习。一旦父母无力满足其需求时，势

必引起孩子的不满，致使难以管教。当其欲望强烈而又得不到满足时，就容易走上邪门歪道，这是每位家长需要注意的。

第三，满足孩子合理的要求

妈妈对孩子的合理要求，要尽量给予满足。如孩子要求给买一些有利于增长知识，开发智力，丰富精神生活的儿童书画及必要的生活、娱乐用品，一般应给予满足。若家长一时难以办到，应向孩子说明理由。在教育孩子时，家长既要积极为促进孩子的身心健康创造条件，也要教育孩子注意节约俭朴，防止养成挥霍浪费的不良习惯。

错误十一：宽容等于纵容

倩莹的妈妈为了能让倩莹的学习取得好成绩，费尽了心思。最近，妈妈为她请了一个家庭老师，针对倩莹的薄弱学科进行辅导，每天为她补习两个小时。

每天在老师给倩莹辅导功课的时候，倩莹的妈妈都忙得不可开交。这一天，老师刚进屋准备给倩莹补习功课，倩莹就大声喊道："妈妈，你去倒两杯水过来！"妈妈应答一声后，就急急忙忙地去倒水了。刚放下水杯，就听倩莹对妈妈说："妈妈，你顺便把门关上。"妈妈被倩莹呼来唤去。

倩莹的妈妈竟然赔着笑脸，毕恭毕敬、尽心尽责地做倩莹要求的所有事情，一点怨言也没有。看样子，只要倩莹肯认真坐下来看书，妈妈就感激得很，高兴得不意乐乎了，真是可怜天下父母心！

过了一会儿，老师让倩莹背英语单词。倩莹平常最为苦恼的就是学英语，每次考试英语都是不及格。倩莹听老师说要背单词后，把书本摔在了地上，烦躁地说："我不背！"倩莹的妈妈一看倩莹发火了，立即跑了过来，又是甜言蜜语，又是许诺："乖孩子，你背一个单词妈妈就给你两块钱，你背二十个单词，就够买你最喜欢的玩具了，好不好？"

听了妈妈说要给钱后，倩莹才不情愿地拿起了课本，却还是一副爱看不看的样子，好像学习不是为了他自己，而是在替妈妈做事一样。

很多家长为了让孩子能够在学业上取得好成绩，什么都不让孩子做，要求孩子只要把学习搞好就行了。妈妈们有时甚至无条件地纵容孩子的任性行为。文中倩莹的妈妈为了提高倩莹的学习成绩，为她请家教的动机是非常好的。但是，在老师给倩莹上课的过程中，妈妈却包办了倩莹的一切事情。其实，那些事情倩莹完全有能力自己来完成。特别值得一提的是，在倩莹不愿背单词的时候，倩莹的妈妈却许下了背一个单词给两块钱的诺言。这种教育方法是多么的荒唐！长期下去，倩莹就会变成学习的奴隶，不可能从老师那里学到知识。所以，妈妈们在教育孩子时一定要谨记：宽容并不等于纵容！

宽容与纵容，一字之差，其动机与效果就大不一样。宽容是一种进步，但纵容却是一种犯罪。

这是一个因母亲的纵容让孩子走上了断头台的小事例，值得每一位母亲深思：

原本是一个很优秀的孩子，一次偶然从同学那里偷拿了一本书。回到家后，他十分很惶恐的把这件事告诉了妈妈："妈，我今天很需要这本书，因为我没有，所以，我就把同学的这一本给拿过来了。"妈妈看后不但没有责罚他，反而夸奖儿子："你这小子，还很有心机吗！"

儿子受到了妈妈的鼓励，反而觉得自己很了不起。

于是，没过多久，他又去偷了一件斗篷向母亲请功，母亲果然很高兴。

　　就这样，他的胆子越来越大，从此不断偷人家的东西，而且赃物越来越贵重。后来，他因为盗窃罪被抓住了，被人反绑着双手押到刑场处死。他的妈妈到了现场，看到儿子不禁大哭，非常悲痛。这时这个儿子向法官请求在母亲耳边说几句话，当母亲来到他近前，儿子一下将母亲的耳朵咬了下来。母亲以为儿子失去了理智，于是痛骂他不孝。

　　儿子咬牙切齿地回答："我恨你。当年我第一次偷人家课本时，你要是能像现在这样骂我，而不是鼓励的话，我也不会落得到今天被处死的下场！"

　　这个故事留给人的教训是深刻的。为人母者与为人子女者都应深深牢记，不要忘记："勿以恶小而为之，勿以善小而不为"。千万不要以为事情小就不在意。尤其是孩子做坏事时，妈妈不加制止教育，反而纵容，这样做只能是害了他。

错误十二：限制等于专制

　　小蔡读五年级了，学习成绩很好，他把自己的课余时间几乎全部用在功课上。但因为喜欢唱歌，因此总想看电视里的歌舞晚会，而 MTV 更让他沉醉。

　　小蔡也有烦恼。妈妈在家时他从来就不能坐在电视机前，免得挨妈妈的骂或招来爸爸的拳头。

　　实际上小蔡很有歌唱天赋，音乐老师也选他参加校合唱团。但是，只要他在家里一哼歌曲，妈妈就会大嚷："你乱叫什么？像乌鸦一样，难听死了！赶快做作业、看书去！"每次听到妈妈这样大嚷，小蔡便会觉得如冷水浇头，全身透凉。

有一回，小蔡在家里做作业时又情不自禁地哼起歌来。

妈妈听见了，冲进卧室，"啪"的一声狠狠地给了他一耳光，并且不由分说地把小蔡最喜欢的歌本夺过去，撕成碎片。

妈妈的做法彻底伤了小蔡的心。从此，他在家里沉默寡言，很少再唱歌了。

小蔡的妈妈这样做，是想当然地认为小蔡唱歌会影响学习，认为他都上五年级了，面临升学的考试也不知努力，不思进取。其实，孩子唱歌只是偶尔为之，并没有因为唱歌而耽误学习，妈妈完全没有必要让沉重的书本学习占据孩子的整个生活。孩子的生活里不应只有课本。妈妈可以限制孩子做一些与学习无关或影响学习成绩的事情，但是，限制并不等于专制，不是说与学习无关的事情都一些不能涉及，甚至想都不可以。

况且，学习需要劳逸结合。无论是唱歌、画画，还是其他的业余爱好，在不影响学习的情况下，都可以尝试着去实践，不失为一种解除学习压力的好方法。

因此，妈妈不要简单地割断孩子和一些业余爱好的联系，不要扼杀孩子的业余爱好。正确的方法应该是帮助孩子建立对健康、自然、向上的业余爱好，提高孩子的学习技巧。这样，不仅不会影响孩子的学业，还会对孩子的学业起到积极的作用。父母不要控制孩子做自己想做的事情，也不要强迫孩子做他自己不想做的事情。

斐斐的妈妈特别喜欢用命令的口吻和孩子说话。比如，斐斐去上学时，妈妈一定以非常强硬的口气说道："放学立刻回家，立刻！"要是斐斐要求买一样东西的话，妈妈在拒绝时也同样不可反驳："这件东西不能买给你！"斐斐常常在心里想，妈妈对别人也是这样吗？难道别人能忍受她这样的说话口气吗？这分明是专制嘛！

这天，小斐在学校里提前把作业完成了，回到家，斐斐想打开电脑好好看一看新闻动态。因为，这样可以多了解一下

最新的消息。斐斐每天都想着浏览一下，但是每次都看不踏实。

在斐斐刚打开电脑不到十分钟，妈妈就下班回来了，看到斐斐居然没有做作业而在玩电脑，自然很生气，她立刻对着斐斐大吼起来："马上把电脑关掉，马上！"又是那种不容置疑的命令。

斐斐刚想说理由："我已经……"

妈妈打断了她的话："我叫你马上关上，你听到了没有？马上！"

生活中，很多的妈妈喜欢对着孩子发号施令，总是在给孩子下一个又一个的命令："不要吵！把电视关掉！"……这些命令几乎是不容反抗的，弄得孩子乐趣全无，只好撅着嘴，很不情愿地听从"命令"。

在这种"专制教育"下，孩子只是畏惧妈妈的权威一时听从，心里却不服气，甚至还为此痛恨妈妈滥用权威来剥夺他们享受乐趣的权利。

命令和强制孩子做事情，永远无法实现教育的正面结果。在家庭教育中，光靠家长的地位和身份是不行的，更重要的是人格的感召力。要想使孩子自觉地养成良好的行为习惯，与其命令和禁止孩子，还不如制订正确的原则让孩子有章可循，这样才会更有效地对孩子进行约束，达到命令与强制达不到的效果，这才是家庭教育的正途。

想抛弃不合理的"专制教育"，家长在和孩子说话的时候，不妨使用一些积极的方式去表达。比如，孩子说话很大声的时候，不要说"给我闭上嘴"，应该换成"说话小声点"。对孩子来说，这不仅是教育他做他应该做的事情，而且还教给了他做事的正确的方法。妈妈的这种说法更易于孩子接受。

此外，妈妈还可以把命令换为提问。当孩子没有按照事先制订的作息时间表做事的时候，妈妈可以说："你在做什么呢？"这对孩子是一个信息，提示他的行为不当，这样孩子就会立刻意识到自己的错误，进而自觉改正。

错误十三：离他远点，他是坏孩子！

今天，妈妈参加了曼婷班的家长会。

一回到家她便把一个小本子递给了曼婷，上面记下了曼婷的名次和成绩，还记下了曼婷的好朋友天瑜的成绩：倒数第三，64 分。妈妈记这个干什么？曼婷正疑惑着，妈妈先开口了："你看见你那个什么最好的朋友的分数了吗？那么差，你怎么整天和这种人在一起？"曼婷明白了妈妈记天瑜成绩的原因，"她的成绩好坏，跟我和她是好朋友有什么关系呢？""关系大了，你以后离她远点，他是一个坏孩子。不能和这种坏孩子在一起！""她不坏！"曼婷叫喊着。"不管如何，你不能和她来往了！你看看她那个差分，你以后会被影响的！"妈妈张大嘴巴嚷着。

听了妈妈的话，曼婷非常不高兴，撅着小嘴对妈妈说："不许你这样说我的朋友！"说完就闷闷不乐地进了房间。

做妈妈的都希望自己的孩子与成绩优秀的同学交朋友，一旦发现自己的孩子与成绩差的同学交朋友，便会感到惊恐万端，生怕和学习不好的孩子在一起就一定会变坏。孩子交朋友，妈妈不能太功利，不要认为孩子的一切都必须围绕着提高学习成绩。交朋友应该是广泛的，目的也应该是多方面的，只要是正常的朋友，他们在相处和沟通中各自都能有所获得。赏识和尊重孩子，应该支持孩子的社会交往、尊重孩子的朋友，这样不仅可以让孩子感觉到妈妈对他的尊重而更加信赖妈妈，而且还可以促进孩子之间的友谊和交往，促使他们互相帮助、互相学习。

培养教育孩子最大的一个前提是必须尊重孩子——这意味着要尊重

孩子的朋友，不能限制孩子的自由。孩子能够正常、自由地与人结交朋友，既有利于形成孩子健全的人格，使孩子的心志得到全面发展，也有利于孩子汲取他人的长处，学到融入社会的技巧。

　　文博是个听话的孩子，学习成绩也很好，还是班里面的小组长，是大人们眼中好孩子的典范。文博有个好朋友叫黎昕，是老师眼中的"捣蛋学生"。因为黎昕不但学习成绩差，而且还经常上课搞小动作，总喜欢和老师对着干。

　　一天文博和黎昕一起去网吧玩游戏，很晚才回家。妈妈询问原因才知道他和黎昕去玩游戏了。妈妈不高兴地对文博说："你怎么能和黎昕混在一起呢？"

　　文博很疑惑，问道："我怎么就不能和黎昕在一起玩呢？"

　　妈妈回答："你知道'近朱者赤，近墨者黑'的道理吗？你整天和黎昕这样一个坏孩子混在一起，说不定就会受到他的影响，变成像他一样的坏孩子！你知道吗？"

　　文博眨眨眼、挠挠头，迷惑不解。他心里面想：怎么和黎昕一起玩，就能成为"坏孩子"呢？

生活中，父母经常对孩子说"某某是一个坏孩子，不要和他一起玩，"说别人是"坏孩子"，这可能让孩子感到困惑。

孩子的心是善良纯真的，他与伙伴的友谊是真挚的。可家长偏偏否认这一切，并说他的朋友是"坏"孩子，孩子当然难以接受。

有的妈妈对孩子与同学的交往进行限制，只容许孩子同他们眼中的"好学生"交往，而不允许他们同那些"坏孩子"来往。这种过分干涉的做法一是会遭到孩子的反感，二是会使孩子感到孤单寂寞，缺乏与人交往的能力。

更严重的是，妈妈的这种越俎代庖的方法，还有可能使孩子形成错误的交友观，失去辨识良友劣友的主动性和判断性，从而为他们日后交友设置障碍。

错误十四：打击的话轻易说出口

珍珍一直希望自己能当上学生干部。可是，都上了四年级了，老师一直没有任命珍珍担当任何职务，她心里很是郁闷。

新学期开学了，班里公开投票选举班干部时，珍珍意外地被选为小组长。她为此欣喜若狂，甚至比当选班长的同学还要高兴。她倒不是特别在乎可不可以"当官"，而是她认为自己的努力得到了老师和同学们的认可了！

珍珍回到家第一时间和妈妈说了这件事："妈妈，告诉你一个特大的好消息！"

妈妈很意外，笑着问："什么好消息？你考 100 分了？"

珍珍摇摇头："整天就只会关心分数！我今天当选班里面的小组长了，这可是同学们投票选举的哟！"

妈妈看着珍珍得意的样子，冷冷地说："哼，我还以为是什么大事情呢？原来是当个小组长呀，有什么了不起的，值得你这样大呼小叫的吗？"

珍珍顿时被冷水浇头，所有的兴奋一扫而光，心里有说不出的难过与悲伤。

孩子那么渴望当上班干部，最后，终于通过自己的努力被同学们推选为小组长了，心里面想必是说不出的兴奋与高兴。可是，在现实生活中，孩子心中特别珍惜和骄傲的事情，却在父母眼中不值一提，甚至还遭到父母的刻意贬低，这会对孩子的成长造成巨大的影响。

孩子在当了班干部或是学习有进步时，他们的自信心都会得到提升，如果父母不以为然，孩子会觉得当头被打了一棒，热情会因此而熄灭，

信心也会因此而崩溃。

孩子是在赞扬中长大的。如果孩子的努力和进步没有得到父母及时的肯定和表扬，孩子会干脆放弃努力。因为他们的上进心遭到父母的不屑一顾，他们会想，再怎么做父母也不满意，那么就干脆什么也不做算了，反正努力也没有人看见。

孩子学习取得好成绩需要父母的肯定，而父母如果用"有什么了不起的"来打击孩子，浇灭孩子心中渴求认同和鼓励的希望之火，他就会变得消极，变得缺乏自信和上进心。家长们请记住，孩子需要的是尊重和爱护，而不是打击。只要父母肯定他们一点点小的进步，他们就会取得更大的进步。

错误十五："你和你爸一个德行！"

世明的妈妈对他的管教非常严格。上小学一年级的时候，世明的学习成绩不太好，期末考试他的语文只考了80分。回到家里，妈妈一看到世明的卷子就火冒三丈，大声地训他："这才一年级就只考80分，你和你爸一个德行！以后肯定越来越没出息！考试前你不是说好好复习了吗？怎么还考成这样？"世明很害怕，小声对妈妈说："我真的复习了，可是我复习的都没有考到。""还敢撒谎，我看你是想挨打！"妈妈根本不听他的解释，把他按在沙发上，狠狠打起屁股来。世明一边挣扎一边喊："我真的复习了，我没有撒谎！"可是妈妈根本不信，反而打得更厉害了。世明忍不住哇哇大哭起来。世明的哭声惊动了院子里的邻居，很多人都跑来看热闹。世明又羞又恼，恨不得找一条地缝钻下去。

自从被打以后，世明越来越不喜欢学习了。他想：反正在妈妈的心目中我已经是一个不爱学习的孩子了，不如干脆就不学了。于是他的成绩越来越糟糕了。

孩子都有不足，更不可能每个孩子都考第一名，总有孩子会落在后面。当孩子在考试中没有得到预期的好成绩时，他已经非常难过了。这时候，他需要的是长辈的宽容和安慰，而不是在他的伤口上再撒上一把盐。大人的肯定、表扬和鼓励是孩子上进的原动力。如果缺了肯定、表扬和鼓励，就像把种子撒在干燥的土里不施肥、不浇水、不见光，它就不可能"发芽"，不会有上进动力。

斥责确实是教育孩子的一种方法。我国民间有句俗话："不骂，孩子就不晓得厉害。"但是怎样责骂却大有学问。简单、粗暴的斥责不但不能使孩子心服，感受到父母对他们的关怀，反而易引起孩子的反抗。当孩子在某些方面做得不好，妈妈不满意，一句"你和你爸一个德性"就进入孩子的耳朵，这样的责骂只会让父亲的权威在孩子面前变得越来越弱，孩子也会渐渐贬低、瞧不起父亲，甚至把自己的过错推到父亲身上。妈妈要把对孩子的教育放在重要的位置上，让孩子的父亲在孩子面前保持一个良好的形象。

星期六下午，亚辉的爸爸妈妈去亲戚家，让亚辉一个人待在家里，这可把亚辉给美坏了，终于可以"为所欲为"了。爸爸妈妈一走，亚辉就高呼三声万岁，然后直奔冰箱，把所有的零食全部拿出来，然后跷着二郎腿在电视前猛吃起来。

亚辉长得很胖，平时妈妈都严格控制他的饮食，零食自然更是不让多吃。现在有了机会，他终于可以"翻身当主人"了。亚辉窝在沙发上，一边吃一边看电视，不亦乐乎的样子。

不过，"幸福"的时光总是很短暂的，妈妈提前回来了。妈妈发现亚辉居突然如蝗虫一般的"消灭"了冰箱里面的东西，很生气："你怎么这样吃东西，有你这样暴饮暴食的吗?"

亚辉回应道："我，我没有吃太多呀!"

不说还好，说了，妈妈更生气，她指着一桌子的空袋子说道："你还嘴硬，怎么和你爸爸一个德性，就是死不承认？"

亚辉心里觉得很憋气，不就是吃点东西吗？他就回喊道："小气，连零食都不让吃！哼！"说完，便跑回了自己的房间，还狠狠地关上房门……

故事里面的亚辉的确做得不对，不过，妈妈的处理方式也是不对的。如果妈妈换一种口吻和亚辉说的话，也许效果会截然相反："你在帮妈妈清理水箱吗？先谢谢你了，不过这些零食要是分好几次吃的话，妈妈会更高兴的。"这样亲切幽默的话语会让孩子很容易接受，并且立刻能体会到妈妈话里的意思，知道自己不对了。

如此种种，是不是说，就不要训斥孩子了呢？当然也不是。因为孩子毕竟是孩子，他们不懂事，需要大人的教导；他们难免闯祸做错事，也需要训斥，否则孩子就会在错误的道路上越滑越远。长辈要忍住一时气愤，调整好心态，给孩子最大的宽容和鼓励，细心呵护孩子脆弱而单纯的心灵。当孩子需要安慰和鼓励的时候，长辈尽量多给孩子一些宽容，让孩子在大人的宽容中找到安慰和继续努力的力量。

在家庭教育中，大人的坦诚、民主、平等的教养方式远远比责骂更有成效和力量。鼓励、赞美和赏识会让孩子充满自信，个性和谐，人际关系融洽，亲子关系和睦，孩子朝自己期待的方向发展得更好。当发现孩子的不足，比如考试成绩不理想或者遇到别的挫折时，大人一定要控制自己，多给孩子一些宽容。启发、引导和适当的批评，孩子更为容易接受，不要总是用大人的眼光去看待和规范孩子的行为，孩子毕竟只是孩子，尽量不要责骂孩子。

7

妈妈说给孩子最有用的话

孩子，不要以貌取人

小艾回家撅着嘴对妈妈说："我们班今天转来了一位新同学，老师让她和我坐同桌。"妈妈看女儿不高兴的样子笑了说："那多好啊，你又有一位新朋友了。"不料，小艾说道："什么啊，她那么寒酸，皮肤又黑又粗糙，我如果和她成好朋友，别的同学肯定会远离我的！"

怎么也没有想到，一直很优秀的女儿会说出这样的话，惊讶之余，小艾的妈妈感到自己的家教有多么大的缺失。于是，妈妈说："小艾，妈妈单位里比我漂亮的人可多得是，照你这样说，妈妈岂不是要受人孤立了？"小艾调皮地笑一笑说："哪有？妈，你想骗我啊！上周吴阿姨不是还约你逛街吗？""妈妈不是想骗你，妈妈想告诉你的是：看一个人不能光看外表，长得漂亮并不能代表一切，人最关键的是要有美丽的心灵。你记住，评价一个人，千万不能看外表！"妈妈说。看妈妈有几分严肃的神情，小艾吞吞吐吐地解释起来："其实，我，哎呀，是因为别的同学觉得她特老土……我下午还借给她钢笔了呢。"看女儿着急的样子，妈妈语重心长地说："做人一定要有好的品质。你知道自己错在哪就好。"

晚饭后，小艾陪妈妈一起出去散步。在楼下，小艾竟然遇到了自己的新同桌和她的爸爸。原来，新同桌一家是从边疆部队刚回来的。当小艾知道自己的新同桌就住在自家楼上时，便热情地邀请她去家一起做习题。

在一次期末考试中，这个貌不惊人的小女孩竟然考了全年

级第一名，这真是令全班同学刮目相看。

孩子总是以眼睛看到的外表来评判一个人。妈妈要告诉孩子不要以貌取人的道理是很有必要的。若孩子从小就养成以貌取人的坏习惯，那以后就可能会发展成嫌贫爱富的不良品质。

"貌"有面貌，相貌，即有形之貌，更有无形之貌：神态和气质。"貌"不简单限于面貌，也不只是长相，而应该是人的整体形象。看人外表，更要看其表现出来的精神面貌。无形之貌，是个人能力、阅历、学识、个性特质的综合体现。精神状态和气质修养更本质，表现更稳定，影响更长远。

作为世界鼎鼎有名的学院，哈佛就曾经因为前任校长以貌取人，让哈佛遭受了巨大的损失。

有一次，一对老夫妇来到哈佛大学，女的穿着一套褪色的条纹棉布衣服，而她的丈夫则是穿着布制的便宜西装。他们没有事先预约就直接拜访哈佛校长。

校长的秘书在片刻间就断定，这两个乡下老土根本不可能与哈佛有业务来往，于是很不礼貌地说："他整天都很忙。"女士回答说："没关系，我们可以等。"

过了几个钟头，秘书一直不理他们，希望他们能知难而退。然而，他们却一直等在那里。秘书终于决定通知校长："也许他们跟您讲几句话就会走开。"校长不耐烦地同意了。

女士告诉校长："我们有一个儿子曾经在哈佛读过一年书，他很喜欢哈佛，他在哈佛的生活很快乐。但是去年，他出了意外而死亡，我丈夫和我想要在校园里为他立一座纪念物。"校长并没有被感动，反而觉得可笑，粗声地说："夫人，我们不能为每一位曾读过哈佛而死亡的人建立雕像的。如果这样做，我们的校园看起来会像墓园一样。"

女士很快地说："不是，我们不是要竖立一座雕像，我们想要捐一栋大楼给哈佛。"

校长仔细看了一下这对夫妇身上的条纹棉衣及粗布西装，

然后吐一口气说："你们知道建一栋大楼要花多少钱吗？我们学校建一栋大楼要超过 750 万元。"

这时，这位女士沉默不讲话了。校长很高兴，总算可以把他们打发了。这时，只见这位女士转向她丈夫说："只要 750 万就可以建一座大楼？那我们为什么不建一座大学来纪念我们的儿子？"她的丈夫点头同意。就这样，斯坦福先生夫人离开了哈佛，到了加州，建立了斯坦福大学来纪念他们的儿子。

以穿着取人，以出身取人，以社会等级取人，是平时我们很常见的一些人的通病。哈佛的教训也警示给喜欢以貌取人的那些人。

孔子曰："以言取人，失之宰予；以貌取人，失之子羽。"意思就是指，根据语言或外貌来判断一个人品质能力的好坏，是不准确的。

孩子，妈妈相信你！

今天是考试成绩公布的日子。秋彤回家时，怕被厨房里的妈妈发现，于是，悄无声息地溜进了自己的房间。他一屁股躺在床上，一言不发地发愣。

没过多久，秋彤听到了妈妈进来的脚步声。秋彤的心一下子提起来了，他知道这下又完了。

果然，妈妈一进门就问秋彤："儿子，成绩怎么样？"

见秋彤面无表情的样子，妈妈已经知道考砸了，但是，妈妈并没有责怪他。

秋彤怯怯地递过成绩单。妈妈一看，说道："哇？考了 80 分？比你以前不就少 10 分吗？那算什么，妈妈相信你下次一定能考好！"

妈妈又说："孩子，你要学会坚强。妈妈理解你的心情，

但是这次考试已经考完了，你闷闷不乐也起不到任何作用呀？你要努力好好复习，争取下一次取得好成绩。妈妈相信你是一个坚强的人，你不会被一次失败所击垮的。你明白吗？"

听了妈妈的话后，秋彤似乎心情好了许多，看着妈妈鼓励的目光，他也找回了自己的信心。

孩子考试考砸是常有的事。当孩子考砸时，其实他自己心里也是不好受的，他在自我检讨的同时，觉得不仅会受到老师的批评，而且会在同学面前丢脸。这时候的孩子，很希望妈妈能听听他的委屈、烦恼。如果妈妈一点儿也不理解他，只会训斥他，动不动就打骂他，孩子就会失去对学习的信心，久而久之就会越来越不喜欢学习。更有甚者，孩子为了免遭父母的打骂，只好以谎言来应付父母，不是说没有考试就是说试卷没有发。这种不诚实的行为直接导致孩子不良品质的形成。此外，由于孩子害怕谎言被识破会招来更严厉的惩罚，于是整天提心吊胆，精神高度紧张，严重影响了孩子的身心健康。

正确的做法是：父母首先要理解孩子，进入孩子的内心世界，和孩子耐心地交谈，让孩子感到父母对他的理解和支持，然后再寻求解决的办法。例如，当妈妈发现孩子考完试闷闷不乐时，可以对孩子说："考坏了心里很难过是不是？怕同学笑话、怕妈妈骂你是不是？"这时候，孩子肯定会向妈妈说明考砸的原因，以及自己心里的感受。妈妈就可以及时引导孩子勇敢面对挫折，孩子也会从失败的痛苦中解脱出来，重新振作精神，鼓舞斗志，努力学习。可见，理解是爱的语言，父母的理解会温暖孩子受挫的心，他会从中汲取力量，树立信心，以更加努力的学习来回报父母。

5岁的亦程看到别的小朋友会骑三轮车，就对妈妈说自己也要学骑三轮车。

妈妈郑重地告诉亦程："那好呀，既然自己下决心学，那就一定要坚持学会才行。"

于是，妈妈就带亦程去学骑三轮车。

刚开始，亦程怎么也骑不好，一定要让妈妈推着才行。后来妈妈把亦程带到小朋友骑三轮车的场地，让亦程先观察其他小朋友怎样骑车。

看到别的小朋友骑得很轻松，亦程也想试一试。可是，他骑上车后却怎么也踩不动，急得直叫："妈妈，快帮我推一下！"

妈妈说："你老是让妈妈推，所以你总是骑不动。你得使劲往下踩，妈妈相信你一定可以的！"

没办法，小亦程只得用劲踩，三轮车居然动了起来。但是，没过多久，三轮车翻倒在地上，亦程坐在地上大哭起来。

每个孩子在成长的过程中都不可避免地会遇到困难。遇到困难时，孩子总是会痛苦、伤心。有的妈妈看到孩子遇到一丁点儿困难，就会介入到孩子的事情中，帮孩子处理。他们一次次把孩子从困境中解救出来，充当着孩子的保护神。但是，妈妈的帮助看似帮孩子摆脱困境，实际上却起到相反的作用。因为，这种做法不是在鼓励孩子去发现自己的能力，去运用自己的能力解决问题，而是在否定孩子自己的能力，使孩子失去了获得必要经验的机会，让孩子永远不能自己解救自己。

比如，妈妈看到不会骑三轮车而被摔在地上的孩子，虽然很心疼孩子，但妈妈想到的应该是让孩子勇敢地面对困难，锻炼孩子的胆量。妈妈可以这样对孩子说："男子汉是不能哭的！快站起来，继续骑吧！"听到妈妈鼓励的话，孩子就会自己站起来继续骑，逐渐地就能掌握骑三轮车的要领。

孩子，按自己的想法去解决问题

雨辉今年已经上五年级了，他在别人眼中可是十足的好学生。无论是同学、老师或是邻居，一说起他总是一副赞不绝口

的样子。可是在以前雨辉可不是这样的。以前的他是一个不爱说话、有什么事情从不主动去解决的孩子。只因一次偶然的事件，才激发了他的"雄心壮志"，即当一个"顶天立地"的男子汉。

有一天，雨辉放学回家对他的妈妈说："妈妈，我们班主任老师说要组织一次野炊活动，可是经费得自己想办法，不能向家里要。可是我到哪里去挣那些钱呢?"

雨辉妈妈听了，心想这是一次锻炼孩子自己解决问题的好机会，于是就说："孩子，你已经长大了，自己的问题该自己解决了。妈妈也只能提个建议，你要靠自己的真本事挣钱。"雨辉听了妈妈的一番话，觉得不是没有道理，再说自己已经是一个小小男子汉了，还怎么好意思再和父母伸手要钱呢? 于是，他没再说什么，等到星期天的时候，他和要好的几个同学约好，替报社卖报纸，辛苦了一个周末，终于把野炊的钱挣回来了。

从此以后，雨辉遇到能自己解决的事情就自己解决，自己实在没办法解决的事情，他才会和妈妈说。久而久之，雨辉就变成了一个能果断解决事情的有主见的孩子，自然也讨得了周围同学、老师的喜爱。

这个事例证明:孩子在能力所及的范围，是可以自己去解决很多问题的。而现代家庭中，一般家长对孩子做事不放心，无论购物、外出，还是遇到其他事情，多是由父母代劳。再加上家长在教育孩子的问题上普遍都存在看重结果轻视过程的倾向，所以导致了孩子们自己解决事情的能力很弱，主动意识不强等。因此，妈妈要根据孩子所处的年龄阶段，让他们自己去独立解决一些力所能及的问题。这个时候妈妈就可以放权(掌握好度)，试着让孩子自己拿主意。如果孩子举棋不定，家长可以在一边当参谋，给他讲明道理，而后仍然让他自己决定。这样，在家长的带动下，久而久之，孩子就会习惯自己的事情自己去做决定，并且会办得很得体。

晚饭后，小江把自己做好的语文练习题拿了出来，请求妈妈帮助。妈妈看了看题目，是一道看图答题。第一幅图的画面上，画的是一个男孩在给小树苗浇水；第二幅图的画面上，是一大片成熟的麦子和两个正在捉蝴蝶的小孩。儿子找妈妈帮助的原因是，老师让孩子们先进行了讨论，小江的同桌认为第一图是"哥哥在种树"，第二幅图是"庄稼丰收了"。

但是，小江在回家的路上，学习委员说她知道正确答案。第一幅图为"哥哥在浇水"。第二幅图为"小朋友们捉蝴蝶"。很明显，儿子对这两位同学的答案都认同，不知道究竟该怎么回答。妈妈放下书本，把儿子拉到身边，说："你说的是同桌和学习委员的答案，那你自己想的答案是什么呢，你可以按照自己的想法去回答这道题。"妈妈没有正面帮助自己答题，这让小江感到疑惑。妈妈对小江说："儿子，想好了就按自己的想法去做，不要犹豫。"小江看着妈妈鼓励的眼神，在第一幅图下面写上："小树长高了"。在第二幅图下面写上："秋天到了"。

第二天，小江回家高兴地告诉妈妈，老师是让想同学们学会多角度看问题，所以他们的答案都是正确的，但是老师特别表扬了小江的比较有创意的答案。

孩子在讨论中往往会跟随大流，而忽略了自己的想法，小江妈妈的及时引导，让孩子明白了应该有自己的想法。在绝大多数父母看来，孩子的想法往往是幼稚可笑的，他们总是认为自己的太小。其实，要想让孩子增长才干，做妈妈的一定要鼓励孩子做事，在可能的情况下尽量让孩子独立去做，不要怕孩子失败，鼓励孩子按自己的想法去实践。

父母不可能一辈子把孩子养在身边，只有鼓励孩子做事，才能培养出优秀的好孩子。如果父母对孩子加以嘲笑或阻拦，无疑会束缚孩子的想象力，不利于孩子的个性发展，最终只会把孩子培养成对父母言听计从的"乖"孩子，这样的孩子往往缺乏开拓进取的精神。

你能行，没有什么能难得倒你！

强强是一个三年级的学生，他平时很少主动和同学们一起玩，原因就是他的学习成绩不好，他担心别人不喜欢他。

一天放学回家，妈妈说："强强，明天就是你的生日了，你不打算请一些同学来家里玩吗？"

"不！"强强回答道。

妈妈听了，感觉强强肯定有什么事，要不上学这几年了，怎么从来就没见他带个同学回家玩？于是在强强坐下来看电视的时候，妈妈旁敲侧击地问了一下："强强，你们班里多少个同学呀？"

"四十个。"强强回答。

"这么多的同学里有没有你愿意交朋友的呢？"妈妈问道。

强强看了妈妈一眼，没回答。

妈妈又接着说："我的意思是，你平时有没有几个要好的朋友一起玩、一起探讨学习方面的问题等。"

"没有。"强强回答。

强强的回答令妈妈非常惊讶。同时，她也为自己的失职感到愧疚。这时她才觉得，孩子为什么一回到家不是看电视就是自己躲在书房里，这样下去对孩子的身心发展是不会有好处的。想到这里，妈妈接着说："强强，明天是你的生日，妈妈打算为你过一个与众不同的生日，你看好吗？"

"妈妈，我不想过。"强强回答。

"为什么？"妈妈问道。

"因为……因为不会有同学来的。"强强说完后，低着头好像在思索着什么。

"为什么不会有啊？你可以主动去邀请你的同学啊？"

"我不去！"强强坚决地回答。

妈妈这时才了解到事情的严重性，后来她苦口婆心地和强强谈心，终于得知儿子为什么不和同学一起玩了。这时，妈妈语重心长地对强强说："孩子，古语讲人不分贵贱，交朋友也不能论成绩好坏。你的成绩虽然比不上他们，但是你也有你自己的长项，比如你踢足球踢得很好，吹笛子吹得也不错，你怎么就知道没有人会喜欢和你在一起玩呢？明天，你去主动邀请你的同学来家里玩，我想同学们一定会很高兴的，去试试吧！没有什么能难得倒你！"

强强被妈妈的一番话说动心了。第二天，他鼓起勇气邀请了几位同学，没想到同学们都很爽快地答应了他，并且在生日宴会上都拿出了很多有趣的小礼物。强强开心极了，他体验到了从未有过的一种快乐。从此，他主动和同学们一起玩、一起探讨学习的问题，并且还成了班里的文艺委员。

从这个故事里，我们可以看到强强是因为学习成绩差，害怕同学们不喜欢自己才变得如此的内向而不愿与人交往。妈妈在了解强强的心理后，告诉强强学习成绩不好，不代表其他的方面都不好，这让强强又找回了自信。为了给强强过一个与众不同的生日，妈妈叫强强去请班里的同学来参加生日，可自卑的强强害怕自己请不动同学，妈妈鼓励强强"去试试吧，没有什么能够难得倒你"！在妈妈的鼓励下，强强鼓足了勇气，去请同学们。可出乎强强意料的是，同学们都很痛快地答应了。这就印证了妈妈的话是正确的。强强妈妈的这些鼓励的话，为多年以来的儿子解开了心结。从那之后，强强变成了一个很开朗的孩子，从多年的心理阴影中走了出来。

学校里开办手工兴趣班，妈妈给小娅也报名了，可她学得很慢。

　　已经学了好几个星期，妈妈去接小娅，每次都见女儿在纸上只画了一个很小的圆圈，或者做手工的剪刀和纸张原封不动摆在桌面上，而别的孩子早就会画很多东西，或者会做很多手工了。小娅木然的表情，迟钝的动作，总是让妈妈不寒而栗。

　　第二天上学的时候，妈妈第一次没有骑自行车，她带着女儿一起早早地出发了。学校离家并不远，二十分钟后，就能看见学校了。小娅停了下来，她喘得厉害，妈妈笑着说："休息一会儿再走，好吗？"小娅呆呆的摇摇头，两手伸了过来。妈妈拉起女儿的小手看着她清澈的眼睛说道："小娅，妈妈相信没有什么能够难得倒你！你要靠自己的努力走下去，你以后要上中学、大学，甚至更高。"小娅愣愣地看看妈妈，好一会，她一声不响慢慢地往学校走去。

　　又过了几天，有一次公开课，同学们坐在教室一侧做手工，家长在旁边协助。有的孩子由于紧张，做着做着就坚持不下去了，最后都是由妈妈来帮着完成的。可是，小娅按部就班地完成了自己手工制作，整个制作过程都没有用妈妈帮忙。妈妈看到女儿按时交上了精致的手工作品，伸出大拇指赞扬女儿道："好样的！小娅。"

　　在回家的路上，母子俩边走边说笑，小娅说："妈妈，其实我在制作的过程中，也多次想放弃。""哦？是吗，可我看你一直都很镇定呀！"妈妈惊讶地说道。"但是，我只要想起妈妈您说的话'小娅，我相信你，没有什么能难得倒你'！我就坚持了下来。"……

小娅的动作和反应都很迟钝，在妈妈的鼓励和帮助下却出人意料的独立完成了手工制作，这是一个很大的进步。其实，幸福离我们每个人都只有一步之遥，孩子的进步对妈妈来说，也是一件很幸福的事情。

　　作为父母，面对孩子的不足，痛苦、怀疑、担心都是情理之中的。但是，父母千万不要将孩子紧紧抓住不放，而要让孩子走出去，看看外面的世界，开拓孩子的视野，精彩有趣的知识会引导他前行，也会告诉你，你的孩子和别人一样棒。因此，大胆地给孩子充分的时间与空间，让他自由发展吧。

努力去做一个有爱心的人

夜幕渐渐降临了，每天的这个时候学松早已放学到家了。眼下，妈妈急得像热锅上的蚂蚁，在屋里不停地踱步。将近8点时，学松才进家门。

妈妈急切地说道："你看看！都几点了。你到哪里去了，怎么这么晚才回来？回来晚也不提前说一声，你不知道这样别人会为你担心吗？"

学松气喘吁吁地说："妈妈，是这样的，我在放学的路上碰到一位双目失明的老婆婆在路口边蹲着，看起来很可怜，于是我就带她过马路。"

妈妈说道："你说的是真的吗？"

学松说："妈妈，当然是真的了。我什么时候说过谎呀！"

妈妈看着学松的表情，愣了一会儿说道："嗯，那好吧，我相信你不会说谎的。要是真像你说的那样，你做得很好，你很有爱心，妈妈还要表扬你呢！"

妈妈说完后，学松又接着解释说："我扶老婆婆过马路的时候，她说她和女儿走散了，回不了家。然后，我就问她住在哪里，她说住在铁路小区。我又问她知道家里的电话吗，她说记不清楚了。没办法，我只好送她回家了，所以才回来这么晚。"

"老妈妈说她之前已经问了好几个人了，但是没有人愿意帮

她，一看到她是盲人就转身走了。后来我就带着老婆婆坐公交车，把她送到家了。她女儿都急坏了，正打算报警呢！"

妈妈听了儿子的话后，高兴地说："你做得很对，妈妈就是怕你路上遇到什么其他的事情，不放心。所以才会……"

"唉，没事！妈妈，我都是这么大的男孩子了，你就不要为我操心了。"学松说道。

学松的话还没说完，这时家里的电话响了，妈妈急忙去接电话了。在电话里妈妈知道了，学松所说的一切都是真实情况。于是，她走到了儿子身边，拍拍儿子的肩膀说："刚才老婆婆的女儿来电话了，说谢谢学松把她奶奶送回家，还说改天要上门来当面感谢呢！"随后，妈妈抚摸着学松的头说道："孩子，你是好样的！你是一个很有爱心的孩子。妈妈为你而骄傲！"

理解、支持并赏识孩子的善良，让孩子在家长的赏识声中树立正确的价值观，从而真诚地对待每一个人。

善良作为一种美德，对孩子的成长发展具有积极的影响。可以说，缺乏善良品质的人，同时也是个道德上有缺陷的人，最终很难有所作为。能拥有一个善良的孩子，应该是父母的骄傲。当孩子表现出这种善良的品质时，家长要赏识和赞扬孩子。

一天中午，马达一家人正围在桌旁吃午饭。突然，听见有人在敲门。于是，马达放下手中的碗急忙跑去开门，打开门一看是母子俩，衣着单薄，嘴唇冻得紫黑，牙齿咯咯响，问能不能给她们点吃的。

五岁的马达听了，没等妈妈开口，就抢着说："行，行，你等一下！你等一下！"

于是，马达跑进屋和妈妈说明了情况，问妈妈可不可以给她们点吃的。妈妈连忙微笑着说："怎么不不可以呢？你快去给她们拿两个馒头去吧！"

马达高兴地把两个馒头递给了母子俩，母子俩用颤抖的双手接过了馒头，连忙对马达说："谢谢你，小朋友。你是一个很有爱心的好孩子!"马达脸红着说："不用谢，不客气! 快吃吧!"那母子俩拿着馒头渐渐地走远了……

马达回到屋后，很开心地对妈妈说："妈妈，他们夸我是一个有爱心的好孩子呀!"

妈妈笑着说："因为在她们最需要帮助的时候，你帮助了她们，所以她们才会夸你呀!"

"嗯! 妈妈你说得对。我以后要一直做一个有爱心的孩子。"马达说。

"好啊! 妈妈相信你，你有一颗善良的心，你一定能在别人最需要的时候伸出援助之手的。"

多么善良的孩子! 多么智慧的妈妈! 我们应该为孩子鼓掌，更应该为孩子的妈妈鼓掌! 和孩子一起善良，就是对孩子善良的最大赏识和支持。虽然儿童年纪还小，但是已经能享受到帮助别人的快乐了。在孩子的心灵世界当中，需要认同自己是家庭与社会当中有价值的成员，因此，妈妈应尽量给孩子提供良好的接触社会、关心和帮助他人的机会。

正确看待得失，保持一种良好的心态

小雪从小就品学兼优，一直担任班长一职。进入小学六年级时，小雪突然落选了，原因是同学们认为小雪的工作能力不强。

回到家后，委屈的小雪向妈妈哭诉了事情的原委。这次打击对小雪来说太大了，她对妈妈说，她再也不想上学了!

无论妈妈怎样劝说，小雪就是把自己关在房间里，既不出来吃饭，也不听妈妈的劝告。

　　许多孩子生活在优越的环境中，生活总是非常顺利，一旦遇到一点小小的挫折，就无法接受。对于小雪来说，本来一直当班长，她理所当然地认为，班长非自己莫属。当落选的消息传来时，她自然无法接受。

　　对孩子来说，挫折的发生是不可避免的。作为妈妈要帮助孩子战胜内心恐惧，成为解决问题的能手。妈妈不仅要学会及时疏导孩子遭受挫折后的不良情绪，而且要善于主动设置一些挫折，让孩子从小就能勇敢地面对困难、面对挫折。

　　比如，在孩子年幼的时候，每当孩子需要某个物品时，父母不要立刻拿给他，而要让他通过动脑筋，自己想办法去拿；当孩子与朋友之间出现矛盾时，父母要鼓励孩子自己与朋友进行沟通；当孩子失败时，父母要鼓励孩子找原因，总结经验和教训，避免下次重犯；当孩子在生活中出现重大不幸时，父母要引导孩子乐观面对。

　　很多妈妈认为，幼小的孩子心理承受能力差，妈妈应该多保护孩子，因为挫折会让孩子感到痛苦和焦虑，不应该让孩子遭受太多的挫折和痛苦。妈妈的这种观念会直接影响到孩子。明智的妈妈应该树立挫折教育意识。

　　有挫折教育意识的妈妈可以把自己事业和家庭生活中遇到的挫折和不如意告诉孩子，让孩子对挫折有一个全面的认识，为孩子正确对待各种挫折树立榜样。在这种情况下，妈妈对生活的热爱、执著、不怕困难的态度和坚强的意志，是孩子面对挫折时最强有力的精神支柱。

　　放暑假了，小泉要完成老师布置的任务之一，那就是在假期里要学会勤工俭学。一天，小泉和小朋友们商量怎样可以完成老师的任务。有的说："我们去卖冰棒。"还有的说："要不我们去捡易拉罐吧！"最后小泉说："我们去卖报纸吧！这个投资少，还容易卖。"大家一致同意小泉的提议，可是大家又为资金的事情犯愁了。最后小泉主动提出自己先垫着，到时大家平均分配。于是小泉回到家和妈妈要了二十块钱买了四十份报纸，其他小朋友各拿十份，小泉拿了二十份。他们兴高采烈地出去卖报纸了。

可是一天过去了，小泉看看手里的报纸只卖出去了六份，还剩下那么多，眼看天马上就要黑了，如果过了今天，明天就更卖不出去了，谁会买一份"过了期"的报纸呢？小泉越想越急，越急就越卖不出去，最后只好拿着报纸回到了家。

妈妈看到小泉回来了，再看看他的表情就知道肯定没卖完。但是妈妈并没有责备小泉，而是语重心长地对小泉说：

"孩子，妈妈给了你二十块钱，是想让你去体验一下生活，至于卖出去卖不出去并不重要，你明白吗？""可是，他们都卖完了，就我没卖完。"

"孩子，你要知道，没有失败就没有成功，你今天卖不出去，你就会去寻找原因，最后你就会全部卖出去。假如你第一次就全都卖出去了，那么你就不知道成功的来之不易，你也不会珍惜你的劳动所得。"

小泉若有所思地想着妈妈说的话，过了一会儿，他对妈妈说："我懂了，越是经历过失败的成功就越值得珍惜，一个人要正确看待得失。对吗？"

妈妈微笑着说："对，要正确看待得失，保持一种良好的心态。"

当孩子遭遇失败时，妈妈不要对孩子讲："看，把事情都弄糟了，你怎么搞的？""你都忘了应该怎么做了，是猪脑子？""早知如此，不如当初不要你！""你根本就不是学习的料！"如果孩子经常处于这些话语的反复"暗示"下，往往会接受这种错误判断，从而将这些错误判断作为自我评价的一部分，长此下去，必定形成怯懦、自卑、害怕挑战的心理，认为自己什么都不行。当孩子对自己的评价过低时，就会失去战胜困难的勇气和动力，如果遭到失败，有可能会一蹶不振，最终可能会一事无成。

妈妈不要让孩子形成这样的观念：失败非但不是一件令人沮丧的事，反而应该可喜可贺。如果孩子形成这样的观念，他认为只有经历失败才

能获取成功，于是他会不畏失败，不在乎失败，跌倒了爬起来，再跌倒再爬起来，而结果是看不到尽头的失败，那么纵使他屡败屡战，也并不有益于孩子的身心健康发展。正如温瑞安先生所言："跌倒一次、两次，你还可以再爬起来，但如果跌倒一百次以后呢？即使你有勇气爬起来，相信你的勇气已经消失殆尽，你的脊梁再也不能挺直。"

所以，当孩子遇到困难不能解决或走进死胡同时，父母要与孩子一起共同向困难挑战。父母不仅要鼓励孩子勇敢地面对挑战，还应该提醒孩子"你错了"，并进一步启发孩子"为什么会错"，与孩子一起分析失败的原因，鼓励孩子少犯相同的错误。这样，孩子才能一步步找到问题的答案。

正确对待别人的嘲笑和金钱

嫣嫣是全家人的宝贝，深受宠爱，要风得风，要雨得雨，渐渐地越来越霸道，也受不得半点委屈，如果在学校被老师批评了，让同学嘲笑了，她都会非常不开心，甚至发脾气。

有一天，还不到放学时间，嫣嫣突然气冲冲地从学校跑回了家，呜呜地哭，说什么也不愿意再去学校了。妈妈到学校去了解了原委才知道，因为有同学见她今天的衣服扣子扣错了，嘲笑了她一下，她受不了打击觉得很丢人。妈妈好说歹说把孩子送进了学校，但是也意识到女儿的心理太脆弱了。

妈妈经过思考，认为这和大人们的管教方式有关，在家里大家都呵护嫣嫣，不让她受一点刺激，总是顺着她，满足她的任何要求，玩游戏也尽量让她当赢家，怕她输了哭鼻子、发脾气。孩子仅仅因为被人嘲笑扣错了扣子就逃避学校，那么将来长大以后，又怎么去应对各种挫折与困难呢？

在妈妈的精心的诱导，嫣嫣终于变得比较懂事了，能够独立完成自己的事情，也不再被一些小小的挫折所击倒。

那么，妈妈是怎样来教育自己的孩子的呢？

首先，妈妈在翻阅了一些书籍后，了解到孩子需要一定的空间和时间，去试验自己的能力，去学会如何对付危险的局势。不要为孩子做任何他自己能做的事，如果过多地做了，就剥夺了孩子发展自己能力的机会，也剥夺了她的自立和信心。

其次，妈妈决心对孩子进行有针对性的教育。例如，晚上嫣嫣正看动画片，妈妈叫了几声开饭了，她满不在乎地说："给我送点饭来啊。"妈妈说要吃自己过来吃，女儿又叫："那你给我拿饼干吧。"妈妈还是让她自己拿。嫣嫣急了，开始用哭来威胁妈妈，妈妈不理会，等嫣嫣安静了，妈妈说："饿了吧，饿了自己去吃，妈妈还是不会给你送过来。"嫣嫣只好自己离开电视去吃饭。妈妈就是采用了这种常见而又实用的方法，使嫣嫣从此变成了一个坚强的孩子。

一次，梓人的学校组织同学们到香山公园去秋游。这是梓人出生以来第一次离开妈妈出这么远的门。妈妈精心为她准备了食品，并嘱咐她带上一点零花钱。那天临走的时候，梓人特意从自己的小钱包里拿出来几张崭新的钞票，夹在一个小本子里，再把小本子放在小背包的最下层。然后，她在妈妈脸上甜甜地亲了一下说："妈妈再见。"就欢快地跑了出去。

太阳快落山的时候，梓人一蹦一跳地跑回家来了，刚一推开房门，她就兴奋地大声说："妈妈，您快来看，我给您买了一个小礼物。"说着，她打开书包，从里边拿出来一个用丝线缠绕的彩色小球，举到妈妈面前说："妈妈，这是我从'鬼见愁'上给您买的，您喜欢吗？"

"哟，我的宝贝女儿会给妈妈买礼物了。"妈妈高兴地接过这个彩色小球。其实，这是一个很小的塑料小球，外边绕着一

层七彩的丝线。梓人的妈妈知道，在旅游景点这是很普通的工艺品，要比外面的贵得多。但是，她认为这是可爱的女儿送给自己的第一件礼物，是女儿在远离母亲的地方精心为自己挑选的。梓人的妈妈望着女儿高兴地笑了。

小梓人站在一旁，一直用探询的目光看着妈妈，见妈妈只是呆呆地看着这个小球，一声不吭，她担心地问："妈妈，它好看吗？您喜欢吗？"

妈妈把这个彩色的小球按在心口上，笑着对梓人说："它太漂亮了，妈妈特别喜欢。妈妈谢谢你。"

随后，梓人又把自己买回来的好多纪念品都拿了出来，对妈妈说："妈妈，我还买了一些纪念卡。我第一次离开妈妈到这么远的地方，第一次爬上这么高的山，我特别激动，我想应该纪念一下，我就买了这个纪念卡。您看好吗？"

妈妈连声说："好，很好。很有纪念意义。"

停了一下，梓人小声说："妈妈，我不会砍价，人家要多少钱，我就给了多少钱，是不是买贵了？"

妈妈问："一共花了多少钱？"

梓人不好意思地对妈妈说："妈妈，我把带的钱都花没了。"

说实话，去游玩把身上所带的钱都用来买纪念品是有些过火，但是妈妈看着梓人严肃认真的神情，把本来要发出来的火压了下来。因为，梓人的妈妈认为：这毕竟是孩子第一次自己支配金钱，虽然钱花得有些不得当，但是说服教育应该比严惩更合适。

现在，在孩子教育上"节约"的父母是越来越少了，大凡有条件的家庭，孩子的教育还是占支出的较大比例。孩子花钱再也不像我们小时候那样，只是一根5分钱的冰棍那样简单了。在这种情况下，妈妈要教育孩子从小就学会正确地花钱：要求孩子对自己的零花钱记账，每一笔钱的去向都必须清清楚楚；让孩子把手里的零用钱、压岁钱计划着使用，适当积累，让孩子在存钱、用钱的过程中养成节俭的好品质。最重要的一点，就是家长要做好示范，不能一边教育孩子正确花钱，一边自己花钱却毫无节制，大手大脚，因为家长的很多行为也会影响孩子的。

自己的事情自己做好选择

建伟刚上二年级，课余时间特别喜欢踢足球，而对乒乓球不感兴趣，但他却有个乒乓球球迷的妈妈。

妈妈看到建伟经常去练习踢足球，就教训他："小球还没有玩转，就学踢大球，真是自不量力！"

建伟不愿意玩乒乓球，妈妈就强迫儿子和她一起去打乒乓球，弄得建伟总是不开心。

现实生活中，像这样的事情常常发生。女儿想学长笛，妈妈却非要她改学钢琴；儿子喜欢文科，妈妈却以"学好数理化，走遍天下都不怕"为借口，为他选择理科……一个人不能选择自己喜欢做的事情是痛苦的，对此，成年人应该感受最深。妈妈同样应该明白：孩子也有自己的喜好，强迫他们去做不愿做的事情，孩子总会不开心。要是让孩子按妈妈的意图去行事，就可能引起孩子的敌对情绪和反抗。

当然，也许有的妈妈会说这样"难为"孩子，其实是"望子成龙心切"，根本没有什么恶意。但是，父母的"善意"有可能带来"恶果"，这等于抑制了孩子的长处，而放大了孩子的短处，有时可能会弄得孩子对自己的长处与短处都没有了兴趣，结果得不偿失。

其实，从孩子呱呱坠地的那一刻起，做父母的不仅给了孩子生命，也给了他们作为一个独立个体存在于这个世界的权利。郑板桥的教子诗曰："流自己的汗，吃自己的饭，自己的事自己干，靠天靠人靠祖宗不算是好汉。"每个父母都会为郑板桥严格要求孩子的心情所感动。但现在

我们做父母了，却很难做到这一点，而且也忽略了孩子这样一个特点：孩子有能力天天学习，天天长进，天天完善。如果父母希望孩子相信自己天天长进，那么父母就必须鼓励他们，允许他们变化，允许他们自己作出决定。父母总是不让孩子照料自己的生活，自己的事情不能自己做主，就会人为地推迟孩子学会料理自己生活的时间，使孩子产生对父母的依赖感，缺乏自我决策的意识。

如果孩子对父母的依赖性强，父母就应该在平常的生活中培养孩子的自主意识——自己的事情自己决定，自己的事情自己解决。

会南刚上小学二年级时，学校要举行全校性的纠正错别字竞赛，会南告诉妈妈："老师想让我参加纠正错别字竞赛。"

"这是件很好的事，你去报名了吗？"

"还没有。"

"为什么？是不是没有想好？"妈妈问。

"竞赛时台下会有很多人看，我有点害怕。"会南很激动，毕竟这是她第一次参加这种集体性的竞赛活动。

"要是参加竞赛的话，也可以锻炼锻炼自己，不过这件事你还是自己决定，我只是告诉你我的想法。"妈妈鼓励道。

后来，会南自己决定参加这次全校范围内的纠正错别字竞赛。

当孩子面临一些难以选择的问题时，妈妈可以对孩子说："这是你自己的事，你应该自己来拿主意。"从家长的角度来说，应该把选择的权利尽量放给孩子，在作出关于孩子的一些决定时，也应该征求孩子的意见。

作为妈妈，不应该对孩子事先作出假设或者限制，因为孩子的成长过程是一个不断发展变化的过程。妈妈能做的就是学会让孩子自己做决定，这样，孩子做事情才是发自内心的，而且在做事过程中，才会形成自己了解自己、自己认识自己、自己发展自己的能力。

汝红正在和小朋友在院子里玩，妈妈看孩子们玩得高兴，就走到孩子们面前亲切地问："你们长大了想干什么呢？"

一个孩子说："我长大了要做大总统！"另一个说："我想

当警察，警察最神气了，可以管好多人。"可汝红不紧不慢地对父亲说："我想画招牌。"

母亲听了汝红的话，并没有因为女儿胸无大志而不高兴，他只是淡然一笑，让孩子继续玩他们的游戏。

后来，身为人母的汝红，对自己儿子的教育也同样受到了母亲的影响：让孩子做自己想做的事情。她还给儿子讲了这样一个小故事：

从前有一棵小番茄，有人告诉它，只要你努力，就可以长大，结的果实像西瓜一样大，像苹果一样有营养，像水蜜桃一样好吃。

小番茄听了这话，就很卖力地汲取营养，然后做强身健体的运动。然而小番茄结出的果实仍然是小小的番茄，而且糟糕的是：小番茄不再以为自己是番茄，它甚至连成为一棵普通的"番茄"也不想了。

其实，孩子只要成为孩子自己，别的并不重要。孩子只要能够健康地成长，能够快乐地做自己想做的事情，就是孩子最大的心愿。妈妈如果给孩子规定过高的要求，强迫孩子做他做不到的事情或者他不愿意做的事情，不仅会让孩子迷失自我，还会让孩子的心灵受到伤害，实在不可取。家长也不要拿"好孩子"的标准作标尺，在自以为是的心态下作出"不符合孩子意愿"的行为，那对孩子将是最残酷的。

宽容待人，学会原谅别人

放学了，同学们急急忙忙地收拾书包和文具。朝阳是班里有名的调皮鬼，因为刘聃是学习委员，所以他们之间经常免不

了发生一些冲突。这不，朝阳从过道跑的时候，背上的书包把刘聃书桌上的文具盒碰掉了，刘聃追出教室非要朝阳把文具盒捡起来。刘聃妈妈来学校接女儿，刚好看见这一幕，就拉住了女儿。刘聃气愤地对妈妈说，朝阳是故意给她找事的。妈妈对刘聃说："孩子，为什么你总认为朝阳不好呢，他调皮，学习不好，但你并不能否认他的全部啊。人无完人，你不是有很多好朋友们，难道你不明白，朋友是要互相宽容，互相谅解吗？"走出校门时，刘聃的心情好了不少，事情就这样过去了。

周末，班级组织办黑板报，朝阳和刘聃是一组。朝阳不知怎么一不小心碰倒了靠在教室门口的旗杆，把教室的玻璃打碎了一块。刘聃带头把手里的零用钱都掏出来，同学们凑钱立即买好玻璃，并请师傅把玻璃安好了。妈妈知道后，故意逗她说："玻璃是那个朝阳打的，你们凑的钱他还你们吗？"女儿说："你不是告诉我了对朋友都要宽容和谅解嘛，他又不是故意破坏公物的，我们少花点零钱就是了。"听了女儿的话，妈妈欣慰地笑了。

刘聃和朝阳发生争执，刘聃的妈妈非常理智地进行了处理，这对培养刘聃的健康人格是非常有利的。因此，在孩子之间发生争执时，作为妈妈一定要开明，不能偏袒自己的孩子，更不能责骂孩子的作法，而要批评教育，让孩子认识到自己的错误，当面给被伤害的朋友道歉，教育孩子做一个宽容礼让，勇于承担责任，知错能改的好孩子；如果是自己的孩子受了委屈，也要认真分析实情，妈妈应该肯定孩子的行为，让孩子丢掉委屈情绪。

一天放学回到家，嫣然对妈妈说："妈妈，昨天中午老师不在的时候，宇哲把桂华的鞋子脱下来扔到了厕所里，桂华一直在哭呢。"

妈妈想了解一下女儿处理事情的方法是否得当，就对她说："你是班长，老师不在你怎么处理这件事呢？"嫣然歪着脑袋想了一下："以牙还牙，以血还血，把他的鞋子也脱下来扔厕所里去。让他尝尝被人欺负的味道！"

听完嫣然的话后，妈妈愣了一会儿说："在你们班里宇哲是属于调皮捣蛋的一类，不受同学的欢迎，可是你这样处理也有些不妥啊？"妈妈又和颜悦色地说："嫣然，假若你犯了错，老师不给你改正的机会，你觉得好吗？"嫣然是个聪明孩子，她立即反应过来了，马上说："那就把他拉到讲台前，让他站在那里不许动，手动打手，脚动打脚。谁叫他那么坏！"

听完嫣然的话后，妈妈吃惊地瞪大眼睛说道："嫣然，老师就从来不会像你那样做，学生再顽皮，老师也一定会坚持以教育为主，对屡教不改的学生实在气不过，老师也会牺牲休息时间去家访，和家长取得联系，共同教育。"

妈妈耐着心地说："嫣然，假若是你犯了错，老师也这么对你好吗？"嫣然轻轻地说："不好。"然后她问："妈妈，那你有什么办法？"妈妈说："叫他把鞋子捡回来，并向桂华道歉。"嫣然半信半疑："就这样？不罚他吗？"妈妈说："是啊，如果宇哲这么去做，那说明他已经知错就改了，为什么还要罚？人都会犯错，我们应该对别人宽容一点，本来就是小事，不要那么斤斤计较。"嫣然点了点头。

作为家长，应教育孩子学会以宽容的态度来对待自己身边所有的人。如果发现孩子做错事情时，不能采取过急的行为，而要耐心说服，要以礼服人、以德服人。

宽容不是忍让，更不是纵容。只是当妈妈发现孩子做错事时，妈妈首先要教育孩子以宽容的态度来对待，从孩子和大人的不同角度谈问题，让孩子明白什么可以做什么不能做。当然，凡事都有一个过程，妈妈不能要求孩子一下子以成人化的标准来做任何事。这不现实，也没有实际意义。

继续保持你的优点并发扬光大

高华每次的考试成绩都很好，尤其是数学，这段时间每次测验都是满分，高华有些得意忘形，于是理所当然地找老师要求当数学课代表。

但是，老师并没有答应高华的申请。于是，下午高华回到家后，显得非常沮丧。妈妈不知道原因就上前问了一句，但是，高华并没有告诉妈妈，还是一个人在一边生闷气。晚饭后，高华终于压抑不住自己的情绪，爆发了。他说："我主动向老师申请当数学课代表，老师不但没有批准，还说我太骄傲了。"妈妈说："孩子，并不是说数学成绩好就能当数学课代表，成绩好只是一个方面呀！"

于是，妈妈又问道："你平时关心同学吗？"

高华回答："我只顾自己学习了，哪有时间关心别人！"

妈妈说："就是啊，作为一个课代表不光要数学成绩好，还要有爱心、同情心、热情、责任感。"

"这些你都有吗？"妈妈反问道。

妈妈看着高华似乎明白了，又说道："但是，你主动找老师去申请当课代表的勇气可嘉，我想只要你坚持你的优点并发扬光大，再及时地弥补一下自己的不足，不久后老师就会主动找你当课代表了。"

听完妈妈的话后，母子俩会心地笑了……

争强好胜，爱表现自己这是一些小学生身上的共同特征。文中的高华片面地以为自己成绩好就代表了一切，成绩好就能得意忘形，主动去向老师申请做数学课代表，显然这是一种十分不可取的做法。

孩子的成绩只是代表他课本上的学习状态，而衡量一个孩子的好坏，不光是用成绩来衡量的。例如，爱劳动、有爱心、有同情心、积极进取等等，这一切优秀的品质对一个孩子来说，远比成绩更为重要。所以，妈妈们不要光为了孩子能取得良好的成绩而忽略了对孩子品质的要求。如果一个孩子连最基本的爱心就没有，试问他有再聪明的头脑，能为社会作出贡献吗？

因此，妈妈要多引导孩子全面发展。例如，当孩子做完作业后，帮着妈妈洗碗，陪爸爸聊聊天，给奶奶倒洗脚水等等，只要是孩子力所能及的，妈妈都可以吩咐孩子去做。这样对孩子的全面提高是非常有用的。

保真因为做值日，走迟了点。当他走到离学校不远的一个花店时，发现地上有几张纸币，低头细看，原来是400元钱。第一次见到这么多钱，保真心里没了主意。这时，他想起了一件事：

一个晚上，他陪着妈妈去理发。妈妈理完发后去了旁边的超市。在超市里，妈妈聚精会神地看着商品。忽然，他听到妈妈身上传出音乐声，就说："您身上怎么有音乐声呢？"妈妈心不在焉地说："超市放音乐呢。"

可是，一阵又一阵的音乐声传出，妈妈摸了摸外套口袋，结果摸出来一部手机。原来是理发店的小伙子错把妈妈的外套拿给另外一个人穿了。

这时，音乐又响起来，妈妈就接了电话，告诉那个穿错外套的人，她正在理发店旁边的超市。没有过两分钟，那人就赶过来了，妈妈把手机和外套还给了他。

想到这里，保真想：我一定要向妈妈学习，做个拾金不昧的好孩子。于是，保真赶紧跑回家，高兴地告诉妈妈："妈妈，我今天捡到钱了。"保真将400元钱交到了妈妈的手里，妈妈用一个信封将钱装了起来，让保真将钱交给老师。

第二天上学的一大早，保真就将钱交给了老师，老师表扬了保真拾金不昧的好品质。

保真放学回来后，异常兴奋，他把老师表扬他的事告诉了妈妈。妈妈告诉他："你可要保持你的优点并发扬光大呀！"

保真一边点头，一边开心地笑了……

保真的妈妈为孩子树立了好榜样。在孩子成长的过程中，妈妈要教育孩子捡了东西要归还的道理，帮助孩子树立正确的金钱观。"拾金不昧"不是一般的社会道德准则，而是属于传统道德底线，

在这个复杂的社会里，孩子们的心灵却像金子一般的纯洁、闪亮，如何使他们的心灵继续纯洁、闪亮，让他们以一颗善良的心来面向社会，在孩子的品德教育中是很重要的。如果在人行道上、停车场里或是商店的地板上捡到一些硬币，交给老师或警察，孩子就能将普普通通的一天变成值得纪念的一天。

每个妈妈都应该明白，培养孩子拾金不昧的品质，远比占一点小便宜重要得多。如果要求孩子拾金不昧，妈妈就不能将捡到的物品据为己有。对于孩子的诚实，妈妈应该给予赏识和赞扬，用赏识留住孩子的纯洁和诚实，培养孩子诚实正直的优秀品质。

孩子，你要做时间的主人

已经十点了，聪聪还在做作业。刚放暑假，聪聪在爸爸的指导下，制订了一个时间计划表。前天，妈妈给聪聪报了一个游泳班，每天要参加三个小时的游泳训练。这两天聪聪因为时间推移，每天做作业到很晚。"聪聪，还有多少啊？"妈妈走进房间，看见儿子满头大汗，心里一阵抽搐。

　　"嗯，还有一半呢！"聪聪转过身子，小声回答着。"游泳以后……"聪聪想补充什么，可是欲言又止了。

　　"参加游泳以后，时间不够了吗？"妈妈问。"嗯，也不是……"聪聪回答。

　　"孩子，想一想怎样能让你以前的安排和游泳都不误呢！你要做时间的主人，主人是不能偏心的，你把睡觉时间拖延了，可现在已经困了，既没有做题效率，又亏待了睡觉，白天你有很多短的时间段，可以划分出来写作业啊！"

　　妈妈说完，聪聪觉得眼前一亮，说："妈妈，也就说我抽时间一次完成一点，游泳回来再写剩余的作业。"

　　妈妈听完儿子的话，开心地笑着点点头。"妈妈，您放心，我一定会当好时间的主人，绝不偏心了。"聪聪高兴地回答。

聪聪因为游泳占用了很多时间，所以乱了时间规划。其实，在妈妈看来，写作业的时间还是有的，主要的是他愿意不愿意挤，聪聪很快就悟到了妈妈的意思，要做时间的主人。

善于利用自己时间的人，将会获得高效率的办事结果，也是最能出成绩的人。合理安排时间就等于节约时间，要见缝插针，不要浪费每一秒钟。家长要指导孩子合理安排学习和作息时间。孩子的时间观念增强了，知道珍惜时间，这样孩子的生活就不再杂乱无章了。

孩子能否安排好自己的时间，与他的学习效率有很大的联系。不珍惜时间，无法合理安排时间的孩子，往往缺少自我控制的能力，缺乏不断前进的动力。如果父母在早期教育中让孩子养成良好的时间观念，就等于给了孩子知识、力量、聪明和美好的开端。

　　周恩来小的时候，非常好学，每天鸡叫三遍过后，周家花园里就会传出阵阵琅琅的读书声。为了过好习字关，周恩来除了认真完成老师布置的作业外，还坚持每天练 100 个大字。

　　有一天，周恩来随陈妈妈到一个路途较远的亲戚家，回来时已是深夜了。一路上风尘劳累，年幼的恩来已经筋疲力尽、呵欠连天，上下眼皮直打架，但他仍要坚持练完 100 个大字再休息。陈妈妈见状，心疼不过，劝道："先睡觉，明天再写吧！"

"不，妈妈，当天的事当天了！"周恩来说服了陈妈妈，连忙把头埋在一盆凉水里，一下子把瞌睡虫赶跑了，头脑也清醒多了。

100 个字刚写完，陈妈妈一把夺过恩来的笔说："这下子行了吧，快睡觉！"

"不！"周恩来仔细看完墨汁未干的 100 个大字，皱着眉头认真地说："陈妈妈，你看这两个字写歪了，我必须把大字写好以后才能睡觉。"

说着，周恩来白嫩的小手又挥起笔来，把那两个字又写了三遍，直到满意才为止。

法国思想家伏尔泰曾出过一个意味深长的谜语："世界上哪样东西最长又是最短的，最快又是最慢的，最能分割又是最广大的，最不受重视又是最值得惋惜的？没有它，什么事情都做不成，它使一切的东西归于消灭，使一切伟大的东西生命不绝。"这是什么呢？答案就是时间。

伏尔泰解释说："最长的莫过于时间，因为它永无穷尽；最短的也莫过于时间，因为我们所有的计划都来不及完成。在等待的人，时间是最慢的；在作乐的人，时间对他是最快的。它可以扩展到无穷大，也可以分割到无穷小；当时谁都不加重视，过后谁都表示惋惜；没有它，什么事都做不成；不值得后世纪念的，它都令人忘却；伟大的，它都使它们永垂不朽。"

第八章

爸爸和妈妈一起教孩子

让孩子更爱爸爸，该怎么办?

　　巧敏从小和妈妈最亲，因为自从她出生就是妈妈整日的陪着她，直到后来妈妈辞去了工作，做起了全职妈妈。而爸爸每天都忙于工作，早上巧敏还没有起床爸爸就出去工作了，晚上爸爸回来的时候巧敏已经熟睡。所以自从巧敏记事以来，爸爸的在她脑海里的印象就十分模糊。在巧敏刚会说完整的句子时，别人问她喜欢爸爸还是喜欢妈妈，她毫不犹豫地说喜欢妈妈。但是，后来在妈妈的耐心讲解下，巧敏渐渐地明白了，爸爸上班好辛苦。爸爸赚钱，才可以买菜、买玩具，爸爸成了救星，有爸爸才有得吃，有得玩。这样以后，再有人问起爸爸妈妈谁好的时候，巧敏就渐渐地改口说，爸爸妈妈都好，都爱。

　　在父子关系的建立过程中，妈妈扮演很重要的角色。对幼儿而言，爸爸的形象，除了来自与孩子的直接互动，一大部分其实来自妈妈眼中和口中的爸爸。

　　换句话，妈妈口中的爸爸，有时其影响力远比爸爸与孩子的直接互动来得大。如果妈妈常常赞美、感激爸爸，孩子就会喜欢、尊敬爸爸，也乐于亲近爸爸；如果妈妈常常抱怨、发牢骚，尤其当孩子的面或在电话中跟朋友诉苦，孩子就会讨厌爸爸，对爸爸疏远。

　　一、在教孩子更爱爸爸的过程中，妈妈应协助爸爸做到以下两点：

　　第一，协助丈夫与孩子彼此了解

　　帮助丈夫了解孩子的喜好兴趣。如孩子喜欢玩哪些玩具、做哪些事情、怎么玩等等。有些爸爸不是不愿意陪孩子玩，而是不知道怎么和孩

219

子玩。如果拖着一身疲惫陪孩子玩，却讨不到孩子的欢心，会让做爸爸的失去陪孩子玩的耐性和动机。所以，妈妈可以设计一些孩子喜欢的活动，让爸爸陪孩子玩，时间久了，父子或父女之间有了默契，就会有属于他们自己的游戏。

把爸爸的角色融入游戏当中，也有助于孩子了解爸爸的角色。如过家家时，可以让孩子假装是爸爸；孩子画画，请他画一张给爸爸；一起读以爸爸为主角的图书等等，让孩子不会因为爸爸不在身边而忘了爸爸的存在，也可以帮助孩子从不同的角度去了解爸爸。当妈妈给孩子买玩具时，可以说是爸爸请妈妈买给他们的，让孩子感受到，即使爸爸没有陪在身边，爸爸仍然很关爱他们。

第二，不要干涉丈夫和孩子之间的冲突

妈妈与子女的关系，以及爸爸与子女的关系，是独立存在的两种亲子关系，因此，一个家庭里最好不要有爸爸始终扮演黑脸或白脸的情形。当孩子与爸爸相处发生不愉快时，做妈妈的应尽量回避，不要介入，让父子两人自己把问题解决，除非是爸爸对孩子做出可能造成伤害的体罚。当孩子哭着找你时，你不要说出任何批评的话。安抚孩子后，鼓励孩子向爸爸说出心里的感受。若是爸爸误会孩子或处罚错误，也应私下沟通，由爸爸自己出面去道歉善后。

二、身为爸爸的人，该如何处理亲子关系，以下一些原则要把握：

第一，重质不重量

爸爸们在平时总是忙于工作，能陪孩子的时间太少了。所以，当爸爸陪着孩子时，应该是全心全意地面对他；而不是一边盯着电视、报纸或计算机，一边"嗯""好""对"的敷衍一旁的孩子。因为这种打马虎眼的情形，往往会让孩子觉得，在爸爸的心目中自己是次要的。日子一久，孩子就不想亲近你了。这里建议爸爸们每天花点时间"专心"地陪孩子说说话或读一本书或排排积木、拼图。也许，只是短短的 10 分钟，孩子却可感受到爸爸对自己的关怀和重视。

第二，重过程而不重结果

在爸爸陪孩子（尤其孩子上小学以后）玩的时候，可能会出现一种情形，就是做爸爸的因为能陪孩子的时间不多，一旦腾出空来，就希望把这段时间做最有效的应用，想在这个时候教孩子一些东西，偏偏孩子在此时对那主题兴趣缺乏，最后两人常常不欢而散。

在有限的时间里，父子间应该要高高兴兴的互动，培养彼此之间的默契，而不是去在乎孩子有没有学到一个数字概念或几个生字。做爸爸的应尊重孩子是游戏中的主人，把自己想象成是拜访孩子认知世界的客人。作客时，若能"客随主便"，自然宾主融洽；若是"喧宾夺主"，自然宾主反目，日久就被列为拒绝往来户。因此，爸爸要懂得把握孩子的兴趣和适当的时机。原则是顺势利导，不要为学习而破坏亲子关系。

第三，多赞美少批评

传统文化中，父亲除了赚钱养家，还肩负训孩子的责任。所谓"严父慈母"，使得爸爸的角色是权威的、严肃的。对幼儿而言，就会产生一种又敬又怕的感觉。敬爱爸爸是因为孩子可以察觉爸爸是家中重要的人，与自己有密切的关系，想亲近爸爸又不好意思。这种把爸爸当作是"亲密陌生人"的羞怯心里，让孩子很在意爸爸怎么评价他，会担心自己不够好，讨不到爸爸的欢心。所以，往往爸爸对孩子的一句话，就会产生很大的作用。因此有些妈妈常常说："不公平！爸爸讲一句，比我讲十句还有效！"

因为在乎和畏惧，如果爸爸常以指责、批评的方式教导孩子，孩子就会觉得爸爸不喜欢自己，不但对自己信心全失，对爸爸也是敬而远之，怕犯更多错，让爸爸失望。若能以赞美、鼓励的方式对待孩子，孩子就可以发展出正向的白我形象，乐于接近爸爸。因此爸爸应善用自己的影响力。你的一句称赞的话语，不但拉近与子女间的距离，也可以让孩子信心十足地去面对外面的挑战。

爸爸的包容是爱孩子的第一课

一天新磊妈妈在楼上帮着奶奶做饭。家里只有爸爸和新磊两个人在家，突然间，厨房里传出"砰"的一声响，惊动了正在看报的爸爸。于是，爸爸立即跑过去看，刚好遇到新磊从厨房出来，爸爸问道："发生什么事?"新磊胆怯地说："没有发生什么事。"爸爸走进厨房一看，在厨房柜子面前摆了一张椅子，柜子门被打开了，里面糖罐子的盖子也敞开了。

幸好今天新磊的妈妈不在家，否则，他肯定逃不过处罚。

新磊的爸爸见到此种情景后，把新磊找来，让新磊张开了嘴，果然里面还有没有吃完的糖。于是爸爸和蔼地对新磊说："下次要吃糖跟爸爸说，不要自己搬椅子爬这么高，太危险了!好不好?"随后又补充一句说："只要不是吃饭时间，每天一颗，你跟爸爸要，我一定会给你吃。"新磊原先害怕偷吃会被处罚的紧张神情放松了下来，点点头说："我以后不会了!"从那以后，新磊果真没有再自己拿糖吃。

在孩子犯错时，做父母的要把握机会教育孩子，而不是趁机把他痛骂一顿。有些父母觉得孩子是故意捣蛋，例如你花两个小时把地毯打扫干净，偏偏孩子此时把果汁倒在地毯上，所以你特别不能忍受，觉得孩子是故意的，其实那是你的情绪反应，事情并没那么严重。孩子犯错是正常的。孩子犯错时，自己是知道的，也很懊恼，就像故事中的新磊一样，他在做了错事后，很怕爸爸生气，甚至心怀恐惧，怕被处罚。当时，如果爸爸施予宽恕和包容，孩子通常会响应恰当行为，即使是两岁孩子也能做得到，父母要对孩子有信心。

　　对于未成年的孩子来说，他们由于不成熟、自我约束力差、自我教育能力差，在成长过程中不但会犯错误，而且经常会犯同样的错误。对此，有的家长会吼着，"这孩子怎么这么没记性？""为什么屡教不改？"……家长苦口婆心地骂，言词激烈地骂，语重心长地骂，目的就是想用频繁的批评，把孩子"骂"醒。这种批评式的教育效果好吗？当然不好，这样，父母与孩子会形成对立局面，这时候再批评就会适得其反，孩子与家长将会越走越远。

　　一天，小付的爸爸下班回来，看见小付正与邻居家的乐乐用泥块砸自己同班的女学生，爸爸当即喝止了小付，并让他赶快回家。

　　小付听了爸爸的话后，立即赶回家中。正在他在为自己在路上的行为忐忑不安时，爸爸走过来，一见面却掏出一块糖果送给小付，并说："这是奖给你的，因为你很听话，叫你回家立刻就回来了。"

　　小付惊愕地接过糖果。随后，爸爸又掏出一块糖果放到他手里，说："这第二块糖果也是奖给你的，因为当我不让你再打人时，你立即就住手了，这说明你很尊重我，我应该奖你。"

　　小付更惊愕了，他眼睛瞪得大大的，不知道爸爸想干什么。

　　爸爸又掏出第三块糖果放到小付手里说："我调查过了，你用泥块砸那些女生，是因为她们说了你们坏话；你砸她们，证明你很正直善良，且有跟坏人作斗争的勇气，应该奖励你啊！"

　　小付感动极了，他流着泪后悔地喊道："爸……爸爸，你打我两下吧！我砸的不是坏人，而是自己的同学啊……"

　　爸爸满意地笑了，他随即掏出第四块糖果递给小付，说："为你能正确地认识错误，我再奖励给你一块糖果，可惜我只有这一块糖果了。我的糖果完了，我看我们的谈话也该完了吧！"

　　多么高明的爸爸！他用以奖代罚的方法触动了孩子的心灵。当一个孩子被爸爸宽阔的胸怀所包容时，他内心产生的是深深

的感激和强烈的震撼，那将会使他终身难忘。在这种情况下，不必"批评"、不必"指责"，孩子自己就已经心悦诚服地知错了。

一般来说，孩子在犯了错误之后，本能的恐惧和内疚会使他产生自卑心理。此刻，他最需要的是安抚。如果父母不等孩子从挫折感中恢复过来，就在现场大呼小叫地数落孩子，甚至把过去的错误也一起抖搂出来，会使孩子突然间失去内疚感。人在内疚的时候，是最能听进去话的时候，如果你的愤怒批评，把这份内疚打消，孩子就会用无理狡辩来反抗父母，以后会用谎话来欺骗父母，以此达到保护自己的目的。这也是人的一种本能反应。

父母责备的声音越小，孩子越会注意倾听。人天生是一种喜欢接纳和抚慰的动物，而对批评则本能地产生敌对和冲突。所以，父母在责备孩子时，双方的感情都会受到考验。过分地、单纯地发泄情绪的批评，还很容易造成孩子对父母关闭心门。孩子的心灵之窗一旦对父母关闭，以后再正确、再有效的教育也无法实施了。

真正的批评应该是善意的提醒，是春风化雨，就事论事。孩子犯了错误，在他最有内疚感，最有体验和感悟时，及时给孩子进行建设性的启发式的批评教育，效果最好。

爸爸要做孩子文明的使者

钱锋是一个小"混世魔王"，整天满口脏话。一个星期天的下午，钱锋和爸爸正在街上走着，突然，他把刚喝完的空饮料瓶随手往马路上一扔，差点儿砸到一辆路过的汽车。路上的行人纷纷向钱锋投来异样的目光。这时爸爸顿时感到脸上一阵发热，不由得低下了头，而钱峰却像没事儿人似的。

爸爸有些忍不住了，就责怪他说："钱峰，你做事讲点儿文明好不好？"钱峰满不在乎地看了爸爸一眼，满脸不悦地说："我又咋啦？""你怎么又在大街上乱扔东西呢？""这有啥，不就是扔了个空瓶子嘛！"钱峰理直气壮地说道。

后来，爸爸绷着脸严肃地说："这不只是扔一个瓶子的问题，而是讲不讲文明的问题。你知道吗，每当你在大街上做出不文明的举动时，就会有很多双眼睛死死地盯着你呀！"这时钱峰看着路边注视自己的人，大声吼道："看个屁呀！看什么看！滚一边去。"

爸爸对他的举动非常不满，接着又说："他们虽然没说什么，可从他们的目光中可以看出对你的讨厌。你可以不管，我可不能不管啊！因为我是你爸，也是个爱面子的人。你不为自己着想，也该为我想想吧？"钱峰不吭声了。

见他的思想有所触动，爸爸又趁热打铁继续劝他："不是说'爱护环境，人人有责'吗？要是每个人都像你这样破坏环境，地球就会变成一个大大的垃圾场，人们还怎么在地球上生活下去啊！你愿意在垃圾场里生活一辈子吗？""当然不愿意啦。""就是嘛！所以，你以后改掉这些毛病，好吗？"钱峰点点头说："你说得有道理。我以后一定把这不文明的坏习惯统统改掉！"

文明、礼貌的行为是社会主义精神文明的标志。文明礼貌的行为习惯是从小开始经过长期实践而形成的。

因此，家长应要求孩子从小不骂人，不讲脏话，待人和气，热情，有礼貌，别人讲话不插话，不打断别人说话；要尊老爱幼；在别人家做客时不乱翻东西，吃饭要守规矩等等。

父母可以从以下三个方面培养孩子的文明礼貌的行为习惯。

第一，将培养孩子讲礼貌的行为贯穿在日常生活中

例如，在吃饭时，可以规定孩子要等爷爷奶奶先入座、先动筷子后，才可以吃；有客人来时要主动跟客人打招呼，给客人让座、倒茶；在接

受别人的礼物时，要用双手去接，并表示感谢；当自己外出或从外面回来时，要跟家里的人打招呼；和别的小朋友一起玩时要友好、谦让；在别人家玩耍时要懂规矩，不乱翻乱拿别人的东西等等。

第二，家长的示范

家长在教给孩子文明礼貌时，不但要告诉他们语言应当怎样，姿势应当怎样，还要向他们讲些深入浅出的道理，即为什么要这样做，这样做有什么好处等。例如，家里来客人了，教孩子说"您请"，"请进"，给客人倒茶，自然大方地回答客人的问题……客人走时要送出门，并说"再见，欢迎下次再来"；父母让孩子为自己做一件事时，不要用命令的口吻，应说"请你……"，做完了要说"谢谢你"或"你帮了我的大忙，谢谢你了"。

第三，练习法

经常教孩子使用一些文明礼貌用语。告诉孩子在与长辈说话时要称呼"您"；请求别人帮忙时，要说"请"字；接受别人的帮助后，要向别人道谢。要会使用"对不起"、"没关系"、"别客气"等礼貌用语。将文明礼貌用语的训练和文明礼貌行为的培养有机地结合起来，是培养孩子的讲文明懂礼貌的良好习惯的一个非常重要的途径。

教孩子学会分享

清源的爸爸批发了一些冰糕和冰淇淋放在冰箱里。清源看到后忙问："爸爸，你买这么多冰糕怎么吃呀？"爸爸逗她说："我自己吃！"听了爸爸的话后，清源马上撅起小嘴，不高兴了。清源生气地说道："爸爸太自私！"爸爸笑着说："爸爸是逗你玩呢！你是爸爸的好女儿，爸爸怎么会自己一个人吃呢？有快乐，就要分享呀！"这时，清源马上破涕为笑说："爸爸是天底下最好的爸爸!"

　　到了第二天中午,清源在楼下和院子里的小朋友们捉迷藏、跳绳,玩得一身汗后,她领着七八个小朋友来到家里,自觉地把冰淇淋和院里的小朋友们分享了,爸爸看了她的举动觉得很诧异,问道:"你怎么把冰糕都分完了呢?"清源得意地说:"爸爸不是说过,有快乐就应该一起分享吗?"

　　分享是一种美德,更是一种快乐。我们需要教孩子与他人分享好吃好玩的东西,关心体贴他人,让孩子的爱心通过这样一次次的行为模仿而逐渐强化。

　　现在的孩子大都是独生子女,即使不是独生子女,由于家庭条件的改进,孩子们在家里越来越得宠,越来越自私,事情是她说了算,玩具也是归她一人支配,经常想不到或者做不到与别人分享。假如孩子凡事都自私自利,斤斤计较,那么她就很难与人友好相处,因此,家长应该教育孩子,让孩子学会慷慨大方,体会到分享的快乐。

　　家长要教会孩子学会分享,需要做到以下几点:

　　第一,告诉孩子必须分享

　　很多孩子愿意在别人家玩人家的玩具,但是让他拿出自己的玩具,他就不乐意了。如果是这种情况,应在客人到来之前,让孩子挑选几样他愿意让别人玩的玩具,告诉他不要担心玩具被弄坏。这样当他无条件地与别人分享东西时,他能感到自己的对这些东西仍有控制力,它们还是属于他的。

　　第二,不要给孩子造成特殊的地位

　　妈妈不能将孩子置于家庭成员中最高的地位,更不能给孩子开专利,而要让孩子从小生活在平等的家庭气氛里,以免形成"自我中心"感。不要一味地满足孩子的所有要求,更不能让自己的孩子指手画脚,高居别人之上。

　　第三,不要娇惯和溺爱孩子

　　妈妈的娇惯和溺爱,会使孩子只顾满足自己的欲望,不考虑和关心别人。对于孩子的这种习惯,妈妈要随时加以纠正。

第四，以商量的方式达到分享的目的

例如红红不给丁丁拍球，丁丁狠狠地推红红，成人在一旁对丁丁说："你这样推她，她会给你玩吗？"丁丁摇摇头，成人进一步教丁丁："你应对红红说：等你拍一会儿再给我拍好吗？并且要谢谢她。"丁丁照这样做，他俩就一起玩了。

第五，给孩子提供分享的实践机会

妈妈要从小训练，婴儿期就开始，孩子手中拿个布娃娃，成人手里拿辆小汽车，然后递给孩子小汽车，拿过孩子手中的布娃娃，这样反复训练，体会互惠信任。年龄大的孩子，与小伙伴一起玩玩具获得乐趣时，就会体会到分享的快乐。如再给孩子一点鼓励，孩子会感到这是一种新的玩具享受方法。

爸爸能让孩子自信起来

威威一向遇到什么事情都是一个很自卑的孩子，有时候自己被人冤枉了、误解了也没有勇气去澄清。但是最近他的转变很大，这还要从他的爸爸说起。

一天威威的爸爸在单位里和一个同事闹了别扭，一回到家就开始在客厅里唠叨个不停："这件事情是老板误会我了，根本就不是我的错吗？干吗就惩罚我一个人呢？"这时，威威上前问爸爸："爸爸，是谁让你如此的不开心呢？"爸爸随口回答："就是我们公司的老板，他冤枉我了，我明天一定要找他把事情说清楚，我相信老板一定会支持我的！"

那天，威威和几个同学聚在一起，正在谈论学校老师的事情，一个男生说道："老师居然要罚我扫厕所，因为我没有按时完成作业！"

威威也接着说道:"我还被罚一个星期呢,就是因为早上迟到了。"

男生埋怨道:"唉!这老师也太狠了!"

威威气愤地说道:"何止是狠?我明明是在路上帮一位女学生修自行车才迟到的,他不问清事情的缘由,就罚我扫一个星期的地。真是太不讲理了,明天我得找他去说清楚,我相信老师是一个明辨事非的人!"

第二天,威威来到学校,果然找到老师说明了情况,老师还表扬了他是个助人为乐的好孩子。随后老师顺便了一句,那你为什么不早一天和我说清楚呢?又是谁给了你澄清事实的勇气呢?威威自信地说:"我爸爸说的,不能受窝囊气,有话要说清楚,不能让别人误解。"

父母要想让孩子更好地面对突如其来的困难,就必须培养孩子自信、勇敢、坚强的品质。但这些品质并非与生俱来,而需要从小慢慢锻炼。在这个漫长的锻炼过程中,父亲往往扮演着非常重要的角色,他通过力量、信赖和挑战给孩子支持,让他们逐渐形成性格中强硬的部分。

然而怎么样能够让孩子们形成真正的自信呢?父母尤其是父亲应该从以下三个方面入手:

第一,鼓励孩子进行尝试并做力所能及的事

孩子具有好奇心和初生牛犊不怕虎的劲头,家长可以在确保孩子安全的情况下,引导他们去尝试或探索身边的各种事物,让他们了解事物的性质,增强自身的能力,从而增加自信。例如,孩子在三四岁时喜欢玩水,就让他们自己洗小手绢、给娃娃玩具洗澡、洗刷各种塑料玩具等等,做这些事既满足孩子玩水的兴趣,又给他们带来欢乐,而且,事情成功之后也会使孩子相信自己的动手能力,为建立自信打下基础。

第二,及时肯定和赞扬孩子的良好行为

人的自信需要外界的认同和赞赏。某一行为倘若得到外界的肯定,人的自信也会由此大增。孩子正处于自信形成的过程中,更离不开成人

的肯定和赞扬。有一个爸爸带着 5 岁的男孩乘公共汽车，上车坐了一段路程后，一位年迈的老婆婆上车了，爸爸起身让座，并对男孩说："来，小大人，站一会，看看能不能坚持住。"小男孩高高兴兴地站在座椅旁，并认真地扶着坐椅不让自己摔倒。这样，孩子由于做成了一件小事而受到赞赏，他就会更乐意去做更多的事，接受更多的挑战，以获得更多的肯定和成功的喜悦，其自信也随之日趋强化。

第三，对孩子的错误不严厉指责

过激的批评语言容易使孩子形成自卑心理，家长要以朋友的心态走进孩子的心理世界，像朋友聊天一样与他引起对某些事的共鸣，他觉得你们有共同语言，很亲切，你的意见就会很容易听得进去，甚至会主动表明自己要改正错误。例如有个学生玩网络游戏，后来发展到逃课，整天泡在网吧里。父母打也打了骂也骂了，就是不管用。后来请了一位心理医生，一开始孩子对医生特别反感，不愿与他交谈，但后来在医生的问话中，了解到他其实是个很聪明的孩子。医生以此为切入点，耐心地引导，告诉他他很聪明，打游戏这么熟练，换了我还不会呢！孩子的眼前一亮，交谈继续进行着，医生终于用诚心和耐心加技巧说服了这个孩子不再每天泡网吧，而是回到学校学习。

奖励物质，不如全家一起出去玩

明明是某所小学二年级的学生，以前每次得奖，爸爸都会给他些物质奖励。起初还觉得好玩，渐渐地，明明对此没有了兴趣，以为考出好的成绩就是为了拿爸爸一点小小的物质奖励。随着明明对那些"奖励"的厌倦，他学习的劲头也一点点消退了，渐渐地，明明的成绩不似先前好了。

爸爸及时发现了明明的改变，觉得奇怪，问明明："儿子，你怎么呢？怎么成绩越来越糟糕了呢？"

明明垂头丧气地说："哎！我考出好的成绩就是为了你那些物质奖励，我对那些物质奖励已没了什么兴头，再努力学习有什么用呢？"

爸爸好像明白了许多，问明明："那么，儿子，你喜欢什么呢？"

明明搔搔脑袋，说："爸爸，你每天都忙着工作，你很长时间没有陪我和妈妈了，我唯一的希望就是，您能带我和妈妈每个月出去玩一次。这比给我买什么都高兴。"

果然，不久后，爸爸带着明明和妈妈每月出去一次游玩，从中明明陶冶了性情，学到了不少知识，比起那些不起眼的物质奖励，明明当然是爱前者了，他的心情舒畅，成绩自然恢复到了先前，而且越来越好。

如果你一味地奖励孩子物质，起初，会收到积极的效果，但这种方法毕竟不能维持良久，因为孩子厌倦了。你应该从孩子的角度考虑，孩子不喜欢的最好不要强加于他。而大部分的孩子都是比较喜欢大自然的，他一周下来或者说一个学期下来已经够累的了，你要让他恢复体力，而且让他觉得学有所成并且会继续坚持下去，你就应该暂且让他放松一下。

大自然是孩子良好休憩的场所，变物质奖励为带他出去游玩，从生理学的角度讲，大部分的孩子都会取得越来越大的进步的。如果你觉得还是物质奖励可行的话，如果你的孩子确实对物质非常感兴趣，你可以选择那一条路。但总的来说，变物质奖励为带他出去游玩未必不是一条最好的办法。

芸芸是二年级学生，她是一个很聪明的孩子，她会跳芭蕾舞、认识很多字、数学也很好，还会弹钢琴，在家里她的时间总是被安排得很满。芸芸的8岁生日马上就到了，她有一个小小的愿望，就是希望生日那天爸爸妈妈能够带她去玩。但是，到了她生日的那一天，为了给她过生日，爸爸妈妈一大早就出门买了不少东西，给她订做了生日蛋糕。然而，芸芸还是不开

心，她对父母说："我不要这些礼物，我什么都不要，我只要你们能带我出去玩。"说完就呜呜哭了起来……

由于父母白天事情忙，根本无法带她去玩，但芸芸却不依不饶。没有办法，爸爸只好答应芸芸今天只上半天班就带她出去玩。这样，芸芸才破涕为笑。

很多家长整日忙于工作，很少带孩子出去玩。无论是孩子的生日，还是节假日，最常用的方法就是给点钱，买点礼物打发一下孩子。虽然孩子不拒绝钱，但却更希望父母能花点时间陪他们过节或过生日。

适当给孩子零花钱，或者给进步的孩子、过节的孩子一些物质上的奖励，不失为激励孩子的一种方式，但如果仅仅用钱来打发孩子，显然不利于孩子身心的健康成长，尤其是为了自己不受干扰而用钱打发孩子的做法更不可取。

孩子需要的不仅仅是钱，还有许多比钱更加重要的。比如有位家长，在孩子过生日时，总会不失时机地告诉孩子：孩子的生日就是母亲"受难"的日子，引导孩子的爱心，教育孩子懂得感恩，因而让小小年纪的孩子就懂得在自己过生日时，一定要给爸爸妈妈送上一点礼物，而且还要在这一天为爸爸妈妈做一件事。其实，这些良好的教育效果，是用钱换不来的。

对于父母来说，变物质奖励为带他出去游玩，是绝佳的选择。原因很多，你可以想想看，这样做一则可以缓解孩子多日来的疲乏，二则可以让他亲近大自然，远离城镇的喧嚣，能使他的心灵得到净化。

爸爸这样，孩子更会体谅妈妈

一天，唐薇的爸爸和妈妈带着她去白洋淀玩。一路上边走边参观旅游景点，全家人都被眼前的美影陶醉了。不一会儿，唐薇非让妈妈抱不行，妈妈不抱就坐在地上又哭又闹，还动手使劲打妈妈的脸。当时妈妈觉得很难堪，心想这孩子真不懂事，还敢动手打妈妈，真没良心，以后不管她了，让她哭去吧！

正在妈妈拿她没有办法时，爸爸走过来，给唐薇擦掉脸上的泪，对唐薇说："这么漂亮的小姑娘，一哭多难看啊，唐薇还是小班长呢，怎么这点困难都克服不了呢？你看妈妈每天给你做饭、洗衣服、讲故事、陪你睡觉，今天还带你出来玩，妈妈多辛苦啊，如果你还打妈妈，她多伤心啊，妈妈要是不管你了，行不行啊？"

"不行。"唐薇哭着说。

爸爸接着说："唐薇在幼儿园里是懂礼貌的好孩子，知道打人不对，打妈妈就更不对了吧，快去给妈妈道个歉，我们还是好孩子。"

唐薇在爸爸的鼓励下，走到妈妈的面前，拉着妈妈的手，惭愧地说："妈妈，对不起！"

古人云："数子十过，不如奖子一长"。家长与孩子沟通，首先要尊重孩子，肯定孩子的长处，对孩子的进步给予及时的表扬和鼓励，在此基础上再指出孩子的过错或不足，这样孩子就容易接受大人的意见。否则，一味地数落、责怪孩子，只会产生逆反心理，影响家长与孩子间的沟通。

"爸爸，我可以从存钱罐里拿5块钱的零花钱吗？"早餐后，贝贝征求爸爸的意见，从厨房咳嗽出来的妈妈接过话："怎么又要啊，你星期一不是刚刚拿过吗，不能给哦。"爸爸对妈妈说："你记得去医院看病，其他的事别管了。"妈妈坚持说自己没事只是小感冒，并说晚上去买药，然后就急忙出门了。爸爸转身看见贝贝已经拿了零用钱，背上了书包。"我有用处，晚上回来告诉你，快走吧，爸爸，你会迟到的，再见。"贝贝冲爸爸扮个鬼脸溜出了家门。

晚上，贝贝一到家就倒好了水晾着。一阵咳嗽声传来，妈妈回家了，贝贝赶快端给妈妈一杯水说："妈妈，你吃药吧，卖药的阿姨说吃完药，就不会咳嗽了。"妈妈一看，桌子上放着止咳药、消炎药，还有一杯水。"你买的，哪来的钱？"妈妈很

严肃地问，正在这时，爸爸回来了。贝贝赶快回答妈妈说："早上，爸爸同意我拿零用钱了。"泪花充满了妈妈的眼睛，贝贝不知所措的往后缩起身子，这时，妈妈突然紧紧地抱住贝贝说："谢谢你，儿子。"爸爸愣了一下，也开心地拥抱住了儿子。这以后，贝贝便常常帮助妈妈做一些力所能及的家务。

贝贝用自己的实际行动，表达了对妈妈的爱和关心，严厉的妈妈感动地对孩子说声谢谢。这看起来是一件小事情，但体现了幸福互爱。向孩子说声谢谢，不是一件十分困难的事，对孩子来说很重要，但却容易被家长所忽略。孩子在家庭中的地位十分特殊，既可以成为全家幸福欢乐的源泉，又可能是家庭矛盾的导火线，如何让孩子在家庭中扮演一个好的角色，确立其地位至关重要。孩子不仅需要地位平等，更需要情感呵护。

孩子来到这个世上，应该说，是属于这个社会的，家长所拥有的是培养、教育孩子的责任和义务，而不是拥有孩子本身。从孩子懂得用哭声、表情、动作或语言来与人交流感情的那一刻起，就应该得到与他人平等交流、交际的权利，尤其是在家庭中。做家长的总是希望自己的辛勤抚养能得到孩子的认可，每次付出的努力总是企望孩子的一声谢谢，其实，孩子的心理在这方面与成人是一致的，同样也有类似的心理要求及满足。所以，向孩子说声谢谢，那么简单，却能一下子将鸿沟拉至零距离，同时孩子乐于助人、关心他人的品质也会去影响与他交往的其他孩子。千万不要忘了说声谢谢，当你的孩子帮助你或关心你的时候，不论事情大小。

别在教育孩子的问题上推诿责任

小伟的爸爸妈妈都是各自公司所属部门的领导。所以他们平常很少有时间和小伟在一起，更不会说沟通、谈心了，这使得四年级的小伟对自己的将来很茫然。

　　小伟的爸爸一直希望他多学课外知识，所以每次都给他买很多课外书籍，想让孩子成为一个无所不能的通才。小伟的妈妈则认为只要孩子学好课本就能够考好，只要考好就能够上大学，上了大学再学习其他知识也不迟。所以，有的时候小伟就很为难，不知道是该听爸爸的还是听妈妈的。看爸爸买的书，妈妈不高兴；不看爸爸买的书，爸爸又冷落自己，小伟很是被动。有的时候，小伟成绩考得不好，爸爸妈妈还会互相责怪。最后，小伟做出了自己的选择，很简单，既不想看课外书，也不想学习课本，父母的希望随之破灭。

父母对孩子的成长要做到心中有数，教育态度要一保持一致。文中小伟已经读四年级，他已经有了一定的判断是非的能力。这时，父母要在教育观念和态度上保持一致的，反之，只能导致孩子无所适从，最终造成孩子谁的话也不听。

　　例如，有位孩子的爸爸和妈妈对孩子的教育产生了矛盾，爸爸教育孩子的时候，妈妈总是诋毁他的方法不对或者内容不合适，并对孩子说"别听你爸爸的，他不懂"。以至于孩子对爸爸的学习指导不以为然。后来，他的爸爸妈妈经常因为孩子的教育问题吵架，甚至导致家庭矛盾加剧，结果孩子要么与妈妈结成同盟对抗爸爸的要求，要么就在父母面前要赖，养成了两面性的人格。

　　因此，爸爸妈妈在教育孩子时，要统一意见，应该经常沟通，协调两个人在教育孩子问题上的意见分歧。但是要注意的一点是，需要离开孩子单独协调。如果孩子在父母一方面前表示对另外一方的不满，家长不妨在饭后或者在一个愉快的日子里召开一个家庭会议，大家一起讨论怎样解决矛盾，要让孩子感受到家庭成员之间在情感上是和谐的，而不是互相隔离和排斥的。此外，可以通过故事和实例的方式晓之以理，也可以通过批评加引导的方式敦促孩子对自己的行为进行反思，还可以通过身体力行的方式为孩子做出示范。

暑假作业有一篇名为《我的爸爸妈妈》的作文，今年15岁的小超在作文中写道：我的爸爸妈妈几乎天天都在吵架，一个说这样，一个说那样，真不知该听谁的好。

原来，小超的妈妈是个急性子，从孩子还不懂事起，就对孩子非常严厉，孩子每次做错事，她从来不会手下留情。而小超的爸爸偏偏又非常溺爱孩子，不论孩子有什么要求，他都是有求必应。在孩子的教育问题上，夫妻俩意见永远不统一。

每次妈妈教育孩子，爸爸都要插话为孩子辩护。有时，小超犯了错，妈妈打他，爸爸就赶过来护着，还怒气冲冲地当着孩子的面说："你干脆把他打死算了！"于是，夫妻大吵特吵。

这样的事情一次次重复发生。一开始，小超还有点怕妈妈，后来，仗着有父亲做靠山，他变得有些嚣张，书也不好好读，成天不是看电视就是玩游戏。叫他做作业，他就直接说："不想做！"父母两人对此束手无策。

父母在教育孩子的观念态度方面出现分歧，并且互相指责，很容易破坏家庭气氛，并且在这种气氛中，孩子也容易由最初的胆怯恐慌发展到最后的有恃无恐，甚至逐渐养成说谎的坏毛病。孩子最会看眼色了，比如小超，有爸爸宠着，他就会仗势，妈妈拿起棍子，嘴上说不敢，心里还是敢，知道即使做坏事，爸爸也会帮他，因此逐渐学会看别人的脸色行事，见风使舵，缺乏真诚。而且从小父母总是互相指责，会传达给孩子这样一种信息：爸爸说得不对，妈妈说得也不对！从而造成孩子性格偏异、是非不分、优柔寡断、犹豫不决，由于自己的所作所为被妈妈否定，又被爸爸否定，孩子就会因此产生自卑心理，怀疑自己的能力。以至于今后在触及要害事物时畏畏缩缩，难以定夺。

在教育孩子的问题上，做父母的一定保持统一的意见，即使一方的教育方法错了，也要等孩子不在面前的时候才沟通，千万不要当着孩子的面互相指责，否则，教育的效果就会抵消掉了。而且，这样做的后果是，父母在孩子心中的威信大大降低，对父母所说的话不认真对待，凭自己的喜好肆意妄为，我行我素，甚至不把家人放在眼里。

因此，在教育孩子方面，父母之间也要经常相互沟通，达成合理统一的共同认识，从而便于教育孩子。即使有不同意见，父母也应背地里交换意见，尽量避免在孩子面前推诿责任。

全家人一起动手做家务

一个星期天，俊鸣家里来了很多客人，爸爸妈妈都忙着在厨房里做菜。3岁的俊鸣看着家里的人多，吵得不停，就跑到厨房去找爸爸，对爸爸嚷嚷着说："爸爸，陪我出去玩，我不在家里，家里人多。"

"俊鸣呀，你自己去玩啊？你看爸爸和妈妈都在忙着给客人做饭，哪有时间和你出去玩呀？你等到下午爸爸有时间了，陪你去公园玩，好不好吗？"俊鸣爸爸说。

"不好，爸爸，我要你现在就陪我。"

爸爸又说："乖啊，你要听话，不听话爸爸妈妈都不喜欢你了！"

俊鸣听后，撅着小嘴低下了头，不说话了。

看到俊鸣失望的表情，爸爸就对他说："那你跟爸爸妈妈一起择菜吧？"

俊鸣高兴地拿着小凳子，坐在厨房里帮爸爸择菜。

"俊鸣好乖呦！再看看客厅有几个人，然后帮爸爸摆好筷子好吗？"

俊鸣兴奋地道客厅开始数："1、2、3、4……"

此时，所有的人都拍手称赞俊鸣："好棒，数得真好，还

会帮爸爸妈妈做家务。"

俊鸣听了后，美美的，小嘴一直笑着……

做家务应当是家长给予孩子最好的教育之一。孩子协助家长做家务，可发展其身体和心理上的技能，训练他的观察力、理解力、应变能力及体能。孩子每学会一项新的技能，他的能力和自信心便会向前迈进一步。而借着做家务，孩子也会有参与感、成就感和荣誉感，更重要的是，能培养孩子对家庭有份责任心和归属感，帮助他独立。

不过，在教孩子做家务时，家长要有耐心且不厌其烦。虽然孩子热心参与，可能往往是越帮越忙，如：洗菜、洗水果，溅得到处都是水，家长必须容忍这些混乱，并将每件事分解成小步骤来教孩子。此外，不要叫孩子做些他能力不及的家事，如：叫一个3岁的孩子收拾自己凌乱的房间，会使他茫茫然，不知从何做起。要培养孩子的这种能力，家长就要陪着他，一面指导、一面监督，上了轨道后，才可以渐渐放手让孩子独立完成。

小梅是一个很喜欢"玩"家务的孩子，每次妈妈动手包饺子，她都嚷着要参加，妈妈总是嫌小梅碍事不让她插手。小梅就偷偷地拽一小块面团放在手心里玩，等妈妈发现时，已经把面粉揉成黑面团了。小梅还跟妈妈抢着扫地，结果地没扫成，却常把垃圾筒给弄翻，反让妈妈多了一件家务活。

一天，妈妈按捺不住了，对小梅怒吼道："走开走开，再捣乱妈妈就打你！"终于有一天，小梅"懂事"了，再也不想插手家务了，甚至连自己的事也不愿意去做了。妈妈又开始唠叨起来："这么大的孩子，还要妈妈给你收拾书包！瞧你这孩子，这么懒，一点也不知道帮妈妈做点家务！"

很多家长总是在孩子喜欢做家务的阶段不让他做，在孩子不再愿意做的时候却抱怨孩子太懒，这是经常发生在我们身边的生活场景，也是每天都在重复的错误。

蒙特梭利在她的著作中写道："儿童对劳动从不厌倦。劳动使他成长，劳动让他更具活力。儿童从不要求减轻他的劳动量，他喜欢独自完成某件事。因此，甚至可以这样说，不劳动，儿童的活力就会走向衰竭。"没有天生懒惰的孩子，孩子的身上充满了生命力，他不会像成人那样把劳动当作"劳动"，他会认为这是另一种游戏。不理解这个秘密，出于好心夺走孩子一条成长的途径，就等于夺去了孩子的生活乐趣！

父母在引导孩子学习做家务时，也应留意一些事项，包括：

1. 各年龄的幼儿动作技巧、认知程度、体力、耐心均不相同，因此父母对孩子做家务的要求，应视孩子能力范围，不宜超过，以免孩子因挫折而产生抗拒和畏惧。

2. 父母一定要与孩子一起做家务。面对孩子越帮越忙，把现场搞得一塌糊涂、乱七八糟时，父母要耐住性子，教孩子改正及正确示范方法。

3. "多容忍、少责备"。父母在指导孩子的时候，口气要温和，不宜破口大骂，要有耐心、有步骤、以游戏的方式和心态教导孩子学习。

4. 在满足孩子好奇与学习的欲望时，安全问题也是不容忽视的。不让孩子自行拿取危险物品，较大孩子可教他正确的操作方法和动作，以确保安全。

5. 孩子年纪小，能力、耐力都有限，做事自然不如大人做得好。无论孩子做得如何，父母都别忘了给予他赞美和鼓励，让孩子知道，他做的每件"小事"你都看到了。

播下一个行动，收获一个习惯；播下一种习惯，收获一种性格；播下一种性格，收获一种命运。教会孩子做家务，你收获的，将是一个有责任感、勇于面对生活的孩子！

合理分工，你教动手我教文

李俊是一个各科成绩都很优秀的孩子。他所取得的优秀成

绩和他的爸爸妈妈是分不开的。

李俊上四年级的时候，曾经是一个成绩很差的孩子，但是，父母面对孩子的不理想成绩，并没有打骂或指责，而是进行了合理的引导。每次李俊做家庭作业碰到难题时，爸爸都会对他说："孩子，你再好好想一想，看看有没有其他的方法。爸爸相信你，这道题一定不会难倒你！"就在爸爸的不断鼓励下，李俊会耐心地攻克一道道自己原本认为困难的题目。如果李俊被难题难住了，爸爸从来就不暴躁，而是耐心细致的启发、引导他自己解决问题。当李俊自己做出一道难题时，他就会加倍地相信自己的实力。

当然，妈妈在教育李俊的问题上也不会袖手旁观。一般情况下，母亲在分析问题、理解问题时，显得比父亲更加透彻、细腻。李俊现在的分析和理解问题的能力就与妈妈的指导密不可分。每次在李俊为一道文科的阅读理解题绞尽脑汁，一筹莫展时，耐心地妈妈就会来到儿子身旁，和蔼地利用各种摆事实、讲道理的方法，让儿子把问题弄清楚。妈妈的解释，会让李俊恍然大悟。就这样，在妈妈的帮助下，李俊变得更加热爱文科学习了。

在爸爸妈妈的不断鼓励与指导下，李俊的成绩慢慢地提高了，他分析、处理问题的逻辑思维能力也有了极大的长进。

每一个孩子就像是一棵小树苗一般，如果父母愿意且能够用心教育，以爱心及有效的方法来开发他的潜能，协助他的学习，则他日后便有可能长成一棵又高又壮的大树；反之，他也有可能因为父母一时疏忽或粗心不察，而终会枯萎或成为对外来风雨的挑战招架软弱无力的小树。

让孩子爱上学习，离不开每一位父母的共同努力。孩子成长过程中的每一次进步，都是父母平常谆谆教诲的结晶。所以，"望子成龙，盼女成凤"的父母们，从现在做起，努力做到用积极的教育方式，去引导孩子的学习吧！

下面，为你介绍几点正确引导孩子学习的方法：

第一，为孩子创造一个良好的学习环境

如果你希望自己的孩子养成爱读书的好习惯，那么，你的家中就必须有书、杂志、报纸。孩子在书香环境中成长，自然会喜欢接近书，喜欢看书。但是，这个环境还必须是简化了的，不能太嘈杂或是一下子提供太多的学习刺激，以免孩子无法专心地学习。

第二，用正面的语言和亲自示范的方式来教导他

如果父母希望孩子学习一种好的行为，那么，您最好使用正面的语言，明确地告诉他所要做的行为，例如，告诉他"我们应该……做"，而不只是批评他、责备他做得不对，然后再亲自示范正确的动作来教导他。如果孩子说会，那么就让他做给你看，再指导他正确的方式。

第三，不要打扰他的专心

孩子专心在做某一件事时，不要去打扰他。第一件事还没完成之前，不要叫他做第二件，也不要让他做太多或做一些超乎他能力的事，否则，孩子在匆忙、心急的情况下，很容易就会养成放弃的习惯。

天下没有不爱自己子女的父母，但是爱要适时、适量。"权威"只能使孩子造成被动的学习行为，而非内心自动自发的自愿行为。研究证明，父母对孩子的关怀，有利于孩子的学习动机、态度的形成。真正的爱的教育，是关爱而不是放任自流，它能使儿童有良好的学习行为表现。

别拿孩子当筹码

幸福的人都一样，不幸的人各有各的不幸。而罗美就是不幸的人中的一个。

罗美的爸爸和妈妈因为性格上的差异，感情一直不是很好。但是，在有了女儿后，两个人的感情有了一定的转机。小罗美圆圆的小脸，大大的眼睛，笑起来还有两个小酒窝。爸爸对罗美十分疼爱。起初，一家三口小日子过得其乐融融。但是，好景不

长，在罗美5岁那一年，罗美的爸爸因长期与妈妈的性格不和，打打闹闹，最后实在维持不下现有的婚姻，两个人决定离婚。

其中，唯一让爸爸放不下的就是心爱的女儿。看着可爱的女儿，实在是不忍心让孩子离开自己，于是，罗美的爸爸请求法院将女儿的抚养权判给自己，可罗美的妈妈坚决不同意。就这样，罗美的爸爸妈妈陷入了僵局……

几个月后，罗美爸爸争夺女儿扶养权的信念不减，两个人经常为此而大打出手。后来，爸爸从家里搬走了，还扬言："不给我女儿，我就天天来你这闹！"后来，妈妈带着小罗美到姥姥家去住，同时也放出话说："要孩子就别离婚，要离婚孩子不可能给你！"

就这样，罗美连学都上不成，每天跟着妈妈东躲西藏，她心中有着满腹的委屈都不知向谁说。

当离婚已成定局，完整的家庭已不可能维持下去，谁也不能强迫一对不再相爱的男女为了孩子勉强厮守在一起。孩子是最终的受害者，爸爸妈妈们在离婚前，一定要处理好孩子的问题，只有同时拥有父爱和母爱的孩子才会拥有健康的心态。还记得当年的"哈佛女孩"刘亦婷吧，她的父母就离异了，但他们照样培养出了一个心智成熟、心理健康的优秀孩子。离婚后继续做一对称职的父母，不是没有可能的。即使一方做不到，另一方也应尽力减少失败婚姻对孩子造成的负面影响，不管遇到多大的麻烦，把无知孩子推到风口浪尖上的行为都不应被原谅。

王一和兰花从恋爱到结婚感情一直很好，但是，到了儿子王平易出生以后，随着家里的生意越做越大，王一长期在外忙生意，疏忽了家庭。兰花认为丈夫不再关心家庭，夫妻间的感情一点点流失。后来，兰花便带着儿子回了娘家。

一年后，王一无法忍受妻子的不理解与蛮不讲理，于是他提出离婚。兰花考虑到儿子还小，想努力挽回这段婚姻，她提出了这样的条件："只要你每天都抽出时间关心这个家，关心一下我和孩子。"可是，冰冻三尺，非一日之寒。更何况当时王一已经提出过离婚，这并非儿戏。这就证明王一对妻子已经没有感情了。所以，平易的妈妈再想全力挽回已不是一件容易的事情。一年多来，王一不仅没有一点改变，反而对他们母子不闻不问。于是，平易的妈妈寒了心告到了法院，主动要求离婚。

但是，庭审中，王一坚决要求儿子的抚养权归他，否则，决不同意离婚。他说："儿子是王家的种，王家的根，不能由外人带走。就是按农村习惯，儿子也应当由老子养最为合适。"

15 岁的平易，听着父母在法庭上的一阵狂辩，含着泪跑出了法院……

很多人因为婚姻生活不幸福想离婚，有的人甚至觉得再继续和对方生活下去比死还难受。但是，父母最应该考虑的还是离婚后孩子的感受。其实两个人在一起不可能没有矛盾，有了矛盾就要坐下来用心去沟通，去了解，把问题解决了才是最应该做的。男人结婚后，不可能一直对待女方像恋爱阶段一样，当然女方也一样。因为生活的压力，往往会让人忽略一些已有的东西。所以，处于婚姻双方的人一定要正确对待婚姻，千万不能轻易产生离婚的念头，尤其是有了孩子以后，离婚对孩子的伤害往往会超出你的想象。

孩子是无辜的。如果父母双方一定要离婚的话，不论是在离婚前还是离婚后，都不应把双方的问题扩展到孩子身上。也就是说，不管你们之间有多大的问题，一旦面对孩子，你们就要承担保护他、爱护他的责任。父母应告诉孩子，之所以离婚，完全是因为父母之间的矛盾难以解决，并不是孩子的错。

更重要的是，要告诉孩子，父母虽然离婚了，但他们仍是孩子的父母，他们会一如既往地爱护孩子、关心孩子、帮助孩子。

离婚之后，父母应努力做到以下几点，这也是孩子的期望：

1. 双方协议商定与孩子定时见面。

2. 与孩子同住的一方不要在背后贬损另一方，而应尽力维护孩子与

另一方的感情。

3. 让孩子知道，他如果想见另一方，自己会尽量满足他的要求。

4. 父母双方保持朋友式的来往，互相关心、帮助，只有这样才能维系父母双方与孩子的感情。

父母的明智与豁达，会把离婚对孩子的伤害减到最低程度，让孩子依然保持快乐而健康的心理。

把性教育当做礼物送给长大的孩子

"妈妈，我是从哪儿来的？"

"从妈妈肚子里生出来的。"

"那我怎么进去的呢？"

"……"

"爸爸，什么叫性交？"

"……"

对于年幼孩子突然抛出来的"性"问题，很多父母常常无言以答或难以启齿。其实，在幼儿的成长过程中，对性产生疑问是极为自然的事，父母无可避免地将面对孩子的诸多疑惑。当孩子提出性疑问时，绝大部分都只是因为好玩或好奇，所以在面对孩子单纯的好奇心时，家长应放松心情，不要责备，也不需要提供孩子还无法了解、过度复杂的知识内容，只要把你所知道的正确知识，以平常心的态度简要向孩子解释即可。

如何与孩子谈论性问题，下面一些观点可供父母参考。

第一，对孩子的性教育要父母共同参与

幼儿性教育的责任应该由父母同时承担，尽量避免"女儿的问题由妈妈回答"、"儿子的问题去问爸爸"这种情况发生。要知道父母的角色是同样重要的，都应该坦然面对孩子提出的性疑问，不要刻意回避，这样孩子才能从同性和异性两方同时获得较为健全的性知识。

第二，要避免故作神秘或道德告诫

当孩子提出性疑问时，切忌以隐晦、神秘、害羞或避而不谈等态度回应，因为这些态度反而容易引起孩子更多的想象。当孩子无法从家长身上获得答案时，会从别的渠道去寻找答案，而其他渠道的知识是否正确与健康，则是家长很难掌握的。

在对待性问题上，孩子和成人不同的是，幼儿还没有培养出复杂的道德价值观，因此，父母不要用道德标准来检视孩子所提出的性疑问，更不要去指责孩子"知道那么多干吗""小孩子问这些做什么"等。

第三，教给正确的名称

父母要尽可能地教给孩子身体各部位的正确名称，如阴茎、外阴等，这将有利于父母与孩子更精确和方便地交流性方面的问题。身体上各部位的正确名称也有助于你向孩子解说什么是性侵犯，孩子也可以清楚地向你叙说是否有性侵犯发生。

第四，不要等待发问

有时父母感觉孩子总也不问问题。其实，有时也没必要等到孩子发问才开始谈论。父母可利用身边或社会上发生的事件与孩子一起进行讨论，向孩子阐述自己对一些问题的看法，和为避免一些问题的发生应该采取的预防方法，以及事件发生之后应该采取的解决问题的方法。

第五，尊重孩子的隐私

隐私的概念应该从开始对孩子进行性教育时起就灌输给他。一个学步的小孩当他被告诉某些东西是别人的不能动时，他就有了某种最初的拒绝的概念。告诉孩子，生殖器是人的隐私部位，在没有得到我们自己允许的情况下其他人无权看或摸这个部位。同时，也应告诉孩子不要随便抚摸其他人的生殖器。